自閉症のある子どもへの

言語・コミュニケーションの指導と支援

藤野 博 著

明治図書

はじめに

国連が日本政府にインクルーシブ教育の実現に向けた努力をするよう勧告したことは報道によってご存知の方も多いかと思います。インクルーシブ教育とは、障害のある子もない子も同じ場で共に学ぶことを基本とする教育システムのことです。

だれもが平等に教育を受ける権利をもつことはいうまでもありません。しかし、単に同じ教室で、同じ授業を一緒に受けられれば平等になるのかというと、事はそう簡単ではありません。通常の発達をしている子どもたちとは物事の感じ方、ことばの受け取り方、学び方のスタイルなどが異なる子どもたちがいるからです。その子たちが教室環境や授業の方法などが合わないために他の子たちより余分な苦労をしているのなら、みんなで一緒に勉強してはいても、それだけでは平等な状況とはいえないでしょう。

自閉症のある子どもたちは、感覚、認知、言語とコミュニケーションなどに独自のスタイルをもっています。その特徴は一見しただけではなかなかわかりません。例えば、蛍光灯の灯りは細かい光の点滅なのですが、自閉症がなく通常の発達をしている子にはその点滅は気がつきません。しかし、自閉症のある子にはそれが見えてしまい不快で集中できなくなることがあるようです。自閉症のある子にもそうでない子にも快適で学びやすい教室にする必要があるとするなら、インクルーシブ教育の実現のためにはそのような環境整備から始めなければならないことになります。

だれもが気持ちよく学べる学校にするために最初にしなければならないことは何でしょうか。それは自閉症など通常とは異なる発達をしている子どもたちの特性やスタイルを知ることです。そして、お互いの違いを理解し、歩み寄るところから真のインクルージョンは可能になるでしょう。本書はそのような思いのもとに執筆しました。自閉症のある子どもたちのことばとコミュニケーションについて解説しています。本書の内容は医学や心理学などの様々な研究から明らかにされたことに基づいています。三部構成で、第1章は自閉症のある子どもたちのことばやコミュニケーション、認知などの特徴について、第2章はそれらの問題に対する指導や支援の考え方と方法について書いています。そして、第3章はこれまでに私が経験したケースに基づき、細部を変え、登場する子どもを仮名にしたうえでエピソードの紹介をしました。主に学校でみられた出来事です。第1章と第2章で述べたことの実践例としてお読みいただければと思います。

なお、医学的な診断名としては、「自閉スペクトラム症（Autism Spectrum Disorder：ＡＳＤ）」という名称が現在使われていますが、本書ではＡＳＤと診断まではされないものも含め、自閉症の特性を有する子どもという意味で「自閉症のある子」と表現しました。ですので、本書の中の「自閉症」という文言は診断名でなく特性を表現したことばとしてご理解ください。

本書は、特に学校や幼稚園の先生方、そして放課後等デイサービスなどで日頃子どもたちに関わっている職員やスタッフの方々、それから一般の方々にも読んでいただきたいと思っています。内容は専門的な研究知見に基づいていますが、一般の人が読んでもわかるように、できる限り平易な表現を心がけました。なお、参考にした文献は多数に及びますが、主なもののみを巻末に挙げました。

人にとってことばやコミュニケーションとは何かについて、自閉症のある子どもたちは深く考えさせてくれます。「このことばは本当に相手に通じているか？」自閉症のない人同士のコミュニケーションでも、そういったことをあらためて考えることで、相互の理解が深まるように思います。

本書が自閉症のある子どもたちが心地よく勉強でき、楽しく仲間と関わることのできるインクルーシブな学校・学級環境づくりの一助になることを願っています。

著者　藤野　博

もくじ

第2章 自閉症のある子どものことばとコミュニケーションの支援

第3章 教室の中の自閉症のある子どもたち

第1章

自閉症のある子どもの
ことば・コミュニケーション・認知

自閉症とは？

自閉症はスペクトラム

自閉症と聞くと、どのようなイメージが思い浮かびますか？　自分の中に閉じこもって人と関わりをもとうとしない子どもの姿かもしれません。しかし、それは一面的な理解です。また、「…しない」「…できない」というマイナスを前提にした捉え方でなく、人との関わりに独自のスタイルがあるといった捉え方も最近ではなされるようになってきました。

自閉症スペクトラム指数（ＡＱ）という自閉症の特性をどのくらいもっているかを測る尺度があります。バロン・コーエンというイギリスの自閉症研究の第一人者が作ったスクリーニングのための検査です（文献①）。提示された項目に自分がどのくらい当てはまるかを答える形式です。その中に次のような項目があります（文献②）。

・ほかのことがぜんぜん気にならなくなる（目に入らなくなる）くらい、何かに没頭してしまうことがよくある。
・自分ではていねいに話したつもりでも、話し方が失礼だと周囲の人から言われることがよくある。
・パーティーなどよりも、図書館に行く方が好きだ。

いずれも、そういう人って身近にいるよね、自分も当てはまるな、といったことではないでしょうか。このAQを使って一般の人たちの自閉症の特性の程度を調べてみたところ、その分布は下図のような釣鐘状のカーブを描いていました。これは正規分布といって、例えば人間

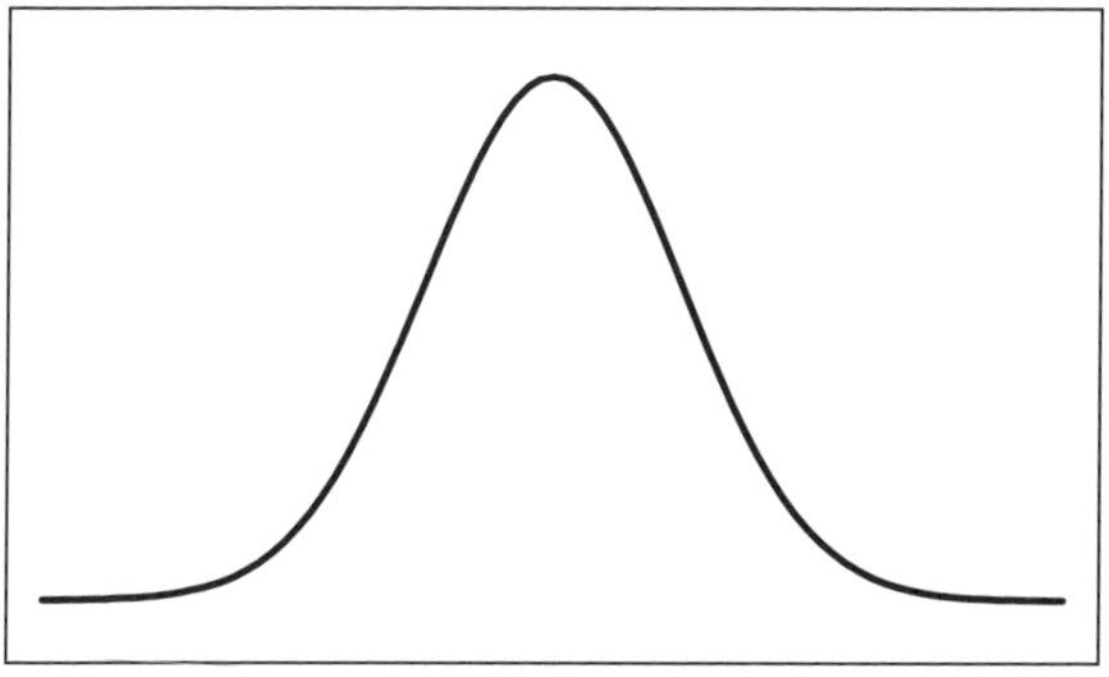

図　正規分布の形状

の身長などはそのような分布の形状になります。つまり、自閉症の特性は身長などと同じように、高い人もいれば低い人もいる、その中間が一番多い、といった現れ方をします。

では、自閉症にはどのような特徴があるのでしょうか。簡単にいうと、人との関わり方の困難さと強いこだわりです。DSMという精神医学の国際的な診断基準があります。第五版が最新版で、自閉症は神経発達症というグループの中に入っています。簡単にいうと発達障害グループです。自閉症は「自閉スペクトラム症（Autism Spectrum Disorder）」というのが今日一般的に使われている診断名で、次のような特徴があります（文献③）。

> A　社会的コミュニケーションおよび対人的相互反応の問題
> B　行動、興味、または活動の限定された反復的な様式

Aには、他の人と関わり合い、気持ちを通い合わせることが難しいこと、視線や表情などのことば以外のコミュニケーションが難しいこと、人間関係を築き保っていくことが難しいこと、などが含まれます。Bには、同じ状態を保とうとすること、習慣を頑なに守ろ

うとすること、いつも決まったことを行うこと、興味・関心が向けられる対象が限られていて、その度合いがとても強いこと。その他、感覚の過敏さや鈍さなども挙げられています。

どのくらいいるか？

自閉スペクトラム症の人は人口の一パーセントほどいるようです。医学的な診断がつくほどではないものの自閉症の特性をもっている人も含めると、十パーセント程度とする見解もあります。自閉スペクトラム症と診断のつく人と診断はつかないが特性をもつ人をはっきり区別する生物学的な指標があるわけでなく、臨床的な判断によります。特性をもたない人のことは「定型発達者」などと呼ばれています。英語だと、“Neuro-Typical”といいます。神経学的に典型的という意味です。しかし、自閉症の特性をもつ人と定型発達の人も程度の問題で、はっきり分けることはできません。それは先ほど触れたように自閉症の特性が釣鐘状の分布をすることからもわかります。

自閉症の医学的な診断名である自閉スペクトラム症の「スペクトラム」とは、虹の七色のことです。虹には様々な色が含まれていますが、それぞれの色をはっきり分かつ境界線はありません。それと同じように、自閉症の特性が濃い人も薄い人もいることと、特性も全く同じではなく多様な現れ方をするため、スペクトラムという表現が使われています。

なぜ起こるのか?

自閉症の原因としては、親の育て方の問題とする説が主流だった時代がありました。「冷蔵庫マザー説」といって、冷淡なお母さんに育てられたため愛情の不足によって、人と関わることのできない自閉症になってしまうという考え方です。この説によると愛情をもった子どもの育て直しが必要ということになります。しかし、この説は間違っていることがわかりました。そして、脳機能の問題とする認知障害説が新たに提唱され、今日に至るまでそれが定説になっています。ただし、例えば脳損傷などによって起こる後天性の脳機能障害とは異なり、定型的でない脳の構造と機能の問題と考えられています。よくあるタイプではなくユニークな特徴をもつということです。そのような観点は、自閉症の特徴を「症状」でなく認知や行動の「スタイル」として見ることにもつながります。

もちろん医学的な治療や特別な支援が必要な場合はあります。スタイルとはいえ少数派のスタイルですので、多数派の人向けにデザインされている社会の中で生きていくには苦労が多いからです。生きにくさから精神的な健康に支障をきたすようなことも少なくありません。うつや不安に定型発達の人よりも罹患しやすいことがわかっています。そのような健康の問題や生活上の著しい困難が生じる場合、医学的な治療の対象になります。

定型発達の人つまり多数派は、自閉症のある人つまり少数派のスタイルを理解し尊重して、自分たちのスタイルを少し変え、歩み寄る必要があります。また、自閉症のある人たちも多数派の社会に適応するための学びも得ると生きやすくなるでしょう。それぞれの立場から見ることが大切です。

ことばとコミュニケーションの問題

会話の問題

自閉症のある人たちの「社会的コミュニケーション」と「対人的相互反応」の問題として、まず挙げられるのは会話の問題です。ことばの発達に遅れがない子の場合になりますが、話すことはできても、かみあった会話がうまくいかないことが多いのです。例えば、次のような特徴があります。

・話すときに聞き手の注意を得ず、誰に話しかけているかわかりにくい。
・一方的に質問をし続けたり、同じことを何度も質問したりする。

・相手の話に合わせない。
・相手がまだ話しているのに割り込み、自分が話したいことを一方的に話す。
・相手の話を聞いていない。
・相手から聞き返されたときにわかりやすく言い直さない。

これらに共通する問題は、会話が相互のやりとりにならず、一方的になりがちだということです。会話が続かないと、友達を作ることも難しくなります。子どもたちは会話を通して話題を共有し、親密さを増していくからです。仲間との会話がうまくできないことは子どもたちにとって切実な問題です。言いたいことが相手にうまく伝わらなかったり、相手からネガティブな反応を受けたりしてストレスがたまり、精神的な健康にも悪い影響を及ぼします。

話し方の問題

自閉症のある子は抑揚がなく単調な話し方をすることがあります。その逆に、学者のようなもったいぶった感じの大げさな抑揚で話すこともあります。あるいは、声が大きすぎたり、小さすぎたりすることがあります。そのような話し方の問題を引き起こす背景のひとつとして、自分の行為が相手にどのような影響を与えたかをモニターすることの困難があると考えられます。私たちはふだん、自分が話したことを自分の耳で聞き、同時に相手の反応をうかがいます。話しかけて相手の反応が鈍かった場合、今の声、少し小さかったかなと振り返り、もっと大きな声で話しかけ直したりします。そのような調整は通常、無意識のうちに自動的に行われるのですが、自閉症のある人では、その仕組みが自動的に働きにくいようです。

エコラリア（反響言語）

自閉症のある子は、他者の発話を反復して表出することもあります。それをエコラリア（反響言語）といいます。この現象は自閉症が世界で初めて医学的に報告されたときから自閉症のある人のことばの特徴として取り上げられてきました。DSM-5には行動、興味、活動の限定された反復的様式の一例として記載されています。

エコラリアには、他者の発話に続いてすぐに表出される「即時エコラリア」と、一定時間が経過した後に表出される「遅延エコラリア」があります。「何食べたい?」と質問すると「何食べたい?」と返すように、質問に対し、そっくりそのまま同じことばで質問し返すようなことが自閉症のある子にはよくみられますが、それは即時エコラリアです。また、電車の中で、駅員さんが言うように駅名を言っている子を見かけたことはないでしょうか。それは遅延エコラリアの例です。

エコラリアは、以前は意味のない病的な現象と考えられていましたが、研究が進み、コミュニケーション機能をもつ場合があることが明らかになりました。そして、エコラリアの表現を少し変えて意味がわかりやすいことばにつなげていくことがあることもわかりました。「何食べたい?」と問われ「何食べたい?」と言った後に「○○食べたい」と言うように…です。自閉症のある子は、ことばの学び方のスタイルが定型の子と違うといえるでしょう。

ことばとコミュニケーションの理論

語用論とは

状況や相手に合わせことばを使うことは言語学の語用論という分野で研究されています。語用論は、話し手がことばを使うことで何を行おうとし、聞き手がそれを文脈と関連づけてどう解釈するか、といったことを扱います。自閉症のある人の会話の問題は語用論の観点から理解することができます。

話すことで何をしているのか

哲学者のオースティンは、話すことによって話し手は聞き手に何を行っているか、その結果として何が起こるかということについての理論を考え、語用論の基礎を作りました。その理論によると話すことは三つの側面から見ることができます。それは、①話すことそのもの、②それによって相手に意図を伝えること、③相手がその意図を受けてそれを行うこと、の三つです。

例えば、エアコンのそばにいる人に向かって「ちょっと寒くない？」と話したとします。すると、その人がエアコンのスイッチを入れてくれました。ことばそのものは部屋の温度について相手がどう感じているか質問しているのですが、そのことを知りたいわけでなく、エアコンのスイッチを入れて欲しいことを暗に相手に頼んでいます。そして、話しかけられた人はその意を汲んでスイッチを入れました。つまり、①「ちょっと寒くない？」ということばを発することで、②そのことばによってエアコンのスイッチを入れて欲しいという意図を相手に伝え、③相手はその意図を理解してエアコンのスイッチを入れます。

自閉症ではことばの背後にある意図の理解が難しくなります。自閉症のある子の親に連絡があり家に電話をかけたところ、その子が電話に出ました。「お母さんいる？」と聞くと「うん、いるよ」と答えてくれたのですが、母を呼びに行く気配がありません。この場面での「お母さんいる？」という質問は在宅を確認するものですが、いたら電話を代わって欲しいという依頼の意図が含まれています。この子は、言われたことを文字通りに受け取り、その発言に含まれている依頼の意図に気づくことができなかったのです。

お互いの協力で成り立つ会話

言うまでもないことですが、会話は一人で行われるものでなく、少なくとも二人の間でなされます。会話の「協調の原理」という語用論の理論があります。グライスという言語哲学者が考えたものです。それによると、会話はお互いの協力関係によって営まれます。そこには次のような暗黙のルールがあります。

❶ちょうどよい情報量を話す

「どこに住んでいるの？」と聞かれて「地球」と答える人はいません。当たり前すぎて知りたい情報が得られません。情報量が少なすぎます。しかし番地や部屋番号まで答える人もいないでしょう。そこまで知りたいわけではありません。これは情報量が不要に多すぎる例です。私たちは相手にとってちょうどよい情報量を考えながら会話をしています。

❷本当のことを話す

「どこに住んでいるの？」と聞かれて嘘の住所を言うことは特別な理由がない限りふつうはしません。私たちは会話をするとき、基本的に本当のことを言います。相手の言うことを本当のことであると考える信頼関係に基づいてコミュニケーションは成り立ちます。

❸話題に関連のあることを話す

「どこに住んでいるの？」と聞かれて好きな食べ物のことを話す人はいません。相手が話したことに関係することを返していくことで会話はつながっていきます。

❹できるだけわかりやすく話す

「どこに住んでいるの？」と聞かれて、「だいたいあっちのほう」と指でさして伝えることは小さな子でなければしないでしょう。また時間を聞かれ、時計を見ると十時十六分だったときに、十一時の四十四分前だとは言いません。相手にわかりやすく伝えるのが会話の作法です。

丁寧さの調節

人に何らかの依頼をするときなど、私たちは相手や状況に応じて話し方の丁寧さを調節します。そのようなことばの丁寧さの調節について、言語学者のブラウンとレヴィンソンは「ポライトネス理論」と呼ばれる理論を提唱しました。

ことばの丁寧さは、①相手との社会的関係、②相手との力関係、③やって欲しいことの負担の大きさ、によって決定されるという考え方です。例えば、友達や家族など親しい関係にある人には気安く話しますが、初対面の人には丁寧に話します。また、同級生には気安く話しますが、校長先生には丁寧なことば遣いをします。それから、例えば百円借りたいときには気楽に頼めますが、百万円借りたいときには気楽には頼めません。自閉症のある子は丁寧さの調節が難しいことが指摘されています。私の印象ではどちらかというと、だれに対しても丁寧なことば遣いをすることが多いように思います。

会話の順番取り

社会学者のサックスらは会話の順番交代に関する暗黙のルールを明らかにしました。会話においては話し手と聞き手が交互に入れ替わりますが、そのときにだれが話者になるかに関するルールで、次のようなものです。今話している人が話を終わり、次の話し手を指名した場合（「○○さん、どうですか？」等）、指名された人は次に話をしなければなりません。指名がなかった場合は、次に最初に話し始めた人が話を続けることができます。そして、だれも話し始めなかった場合は、最初の話し手が話を続けることができます。そのように会話の中で話してもよいタイミングと、話してよい人はだれかということにも暗黙のルールがあるのです。自閉症のある子はこの会話の暗黙のルールに従わず、相手が話している途中に割り込んでしまうことがあります。

こだわりと特別な興味

こだわりの問題

自閉症は社会的コミュニケーションの問題と行動・興味・活動の限定された反復的な様式という二つの特徴からなります。後者は簡単にいうと強いこだわりの問題です。具体的な特徴としては、顔の前で手をひらひらさせるなどの同じ動きを繰り返したり、特定のものをいつも使ったり、同じフレーズを繰り返し言ったり、といったことがあります。また、習慣を変えることができなかったり、決まった動作を儀式的に行ったり、といったこともあります。興味・関心の対象が限定されていて、それに強く執着することもあります。

こだわりはコミュニケーションの問題にも関係します。自分のルールや行動スタイルを崩さない姿勢は相手に合わせることの難しさにつながるからです。

特定の対象に向けられる強い興味・関心は、カナーやアスペルガーなど自閉症を最初に報告した医学者の文献にも書かれています。カナーは自動車運搬列車、煙突、振り子などに夢中になる子どもの例を挙げ、「強迫的興味」と表現しています（文献④）。また、アスペルガーは毒薬や数や機械装置に興味をもつ子どもについて報告しており、その程度が現実離れしていると言っています（文献⑤）。

その後の研究で、自閉症のある子は一般的に、人よりも物に関心が向かいやすいことがわかっています（文献⑥）。有名人のうわさ話などよりも電車などに興味を向けやすいようです。人の行動は複雑で予測が難しいですが、ダイヤに従って時間通りに運行する電車などは予想外のことがあまり起きません。そういった安心感も好みに関係するのでしょう。また、物を分類することも大好きです。鉄道博士、昆虫博士、恐竜博士は自閉症のある子によくみられます。オランダの研究で自閉症のある成人を対象とした特別な興味に関する調査があります。その研究によると、性別による違いはありますが、上位に次のようなものが挙がっていました（文献⑦）。

【男】コンピュータ／ゲーム、音楽／バンド、自閉症、科学、政治と歴史、映画／テレビショー／有名人、芸術と文化

【女】自閉症、自然／ガーデニング、芸術と文化、人体／心理学、芸術と手芸、コンピュータ／ゲーム、宗教／瞑想

興味の対象はことばに向かうこともあります。自閉症のある子は固有名詞をよく使います。何の説明もなしに使ったりしますので聞き手は何のことを言っているのかよくわかりません。それを得々と話すことで浮いてしまうこともあります。また、文字や数字への興味もよくみられます。話しことばよりも文字のほうが入りやすいようです。自閉症のある人には、人からことばを通して学ぶよりも、書かれたものを通して自分で学ぶというスタイルがあるようです。

ネガティブな影響

強迫的とか執着といった表現で病的なものとして考えられてきた自閉症のある人の特定のものに対する強い興味・関心は、最近では「特別な興味」という表現でニュートラルに扱われるようになってきました。一種の強みにもなるものと認識されるようになったのです。特別な興味はコミュニケーションや学習にどのような影響をもたらすのでしょうか？

ネガティブな影響としては、あるものに没頭することで、学校の課題に取り組む時間や、他の人と交流する時間が減ることがまず挙げられます。興味の活動が中断されたときの抵抗はとても強く、周囲の人の都合が考慮されることもありません。他人を巻き込んでしまいやすいのです。入り込みすぎてそこから抜け出すことが難しくなります。何気なく入り、気がつくと、いつのまにか自分がそれに乗っ取られてしまう、という感覚を述べている人もいます。生活の大半が特定の興味の対象で占められてしまうと、精神的、身体的な健康に差し障ることもあります。とりわけ学校など集団的な活動の中では、こだわりは周囲のペースに合わせることを難しくしますので問題が生じます。

ポジティブな効果

自閉症のある人たちは特別な興味を通して周囲の世界を理解するという知見があります。ひとつのことを掘り下げていくことで普遍的な世界に至るといったことがあるようです。地下の水脈につながり、それが他の人との窓口になるとでもいえましょうか。一芸を極める人の中には自閉症の特性がある人が多いようですが、それによって世の中につながることができます。

自閉症のある人たちの興味・関心は内発的なものだという研究の知見もあります。動機づけには外発的なものと内発的なものがあります。外発的とは何か別の目的のために行うもので、テストで良い点を取るために勉強するとか、みんなが話題にしているからこの漫画を読むとかです。内発的とは理由はないけど好きだとか、好奇心から入れ込むようなものです。後者のほうが本当の意味での学びにつながることもわかっています。自閉症のある人が内発的に向ける興味・関心は真の学びにつながりやすいものといえるかもしれません。中途半端では満足できず、とことん追求する姿勢は専門家への道にも通じるでしょう。

その点で、進路や就労にもつながっていきます。

特別な興味やこだわりは精神的な安定にも寄与するようです。何かに没頭することで気持ちが安定するのです。分類したり、整理したりすることは崩れかけた秩序を立て直すことにつながると考えられます。当事者の手記に次のような記述があります。

「なにかを集めることで、気持ちが安定する」「この世界は不規則なことでいっぱいだからね。そんな中で毎日くらしていると、自分まで混乱してきちゃう。そんな混乱した気持ちをふりはらうには、集めたものを整頓するのがすごくよくきくんだよ」（文献⑧）

感覚の特徴

感覚の過敏さと鈍感さ

ＤＳＭ第五版で挙げられている自閉スペクトラム症の二つの大きな特徴のうちのひとつ「行動、興味、または活動の限定された反復的な様式」の中に「感覚刺激に対する過敏さまたは鈍感さ、または環境の感覚的側面に対する並外れた興味」という項目があります。感覚面の問題は自閉症の基本的な特徴として最近クローズアップされています。感覚がとても敏感であったり、逆に鈍感であったりするということです。

ひとつエピソードを紹介します。自閉症のある子と部屋で勉強していたときのことです。

夏の暑い日のことでした。その日はエアコンが故障していて部屋の窓を開けていました。その子はうるさくて勉強できないと訴えました。しかし、車が通っているわけでも、人の話し声がするわけでも、近くで工事などをしているわけでもありません。何がうるさいんだろうと、耳を澄ましてみると、セミの鳴き声が聞こえます。これか、と思いつきました。夏ですし、セミの声が聞こえていても、私はさほど気になりませんでした。背景の雑音として自然にスルーされます。しかし、自閉症のある子にはそれができないようなのです。

感覚の問題は音だけに限りません。光がまぶしすぎたり、触れられることに敏感であったりすることもあります。雨が肌に当たると痛かったり、蛍光灯のふだんは見えない光の点滅が不快だったりすることを訴える人もいます。

以前に訪れたイギリスのホビーショップでこんな経験をしました。そこは日本の漫画やアニメのグッズを売っているオタク好みの店なのですが、カーム・チューズデイ（穏やかな火曜日）という企画を行っていました。毎週火曜日は店内で音楽を流さず、照明の明るさも少し落とします。それは自閉症のある子どもたちへの配慮として行っていました。そのお店の店主と少し話したところ、店主さんご自身も自閉症の特性をおもちとのことでした。

感覚処理の諸側面

米国の作業療法士のダンは「感覚プロファイル」という感覚処理のアセスメント法を開発しました。自閉スペクトラム症を中心とする発達障害の人たちの感覚特性を評価するために使われています。感覚プロファイルでは、閾値が高いかと受動的か能動的か、という二つの軸から感覚の問題が整理されます（文献⑨一部改変）。

ひとつの評価軸は感覚の閾値が低いか高いかです。低い場合は刺激を受けやすくなりますので、感覚が鋭敏になります。高い場合は刺激を受けにくくなりますので、感覚が鈍くなります。もうひとつの評価軸は、感覚に対し、どのような反応を示すかです。受動的な場合と能動的な場合があります。受動的な側面とは感覚がどのような影響を与えるかで、過敏や鈍麻として現れます。鈍麻は「低登録」として表現されています。能動的な側面とは感覚に対する調整の仕方の特徴です。強すぎる刺激には避ける行動が取られ、弱すぎる刺激には強い刺激を求める行動が取られるということです。

感覚の問題として、過敏さと刺激の回避にスポットが当てられがちですが、感覚刺激を自ら求める場合もあります。これは「感覚探求」と表現されています。感覚探求とは自分で自分に刺激を与えることです。例えば圧迫される感覚を好む人がいます。自閉症のある動物学者として有名なテンプル・グランディンは締め付け機という器具を発明しました。牛にワクチンを接種させるときに落ち着かせるために使われている器具にヒントを得たそうです。自分の身体を圧迫することによって落ち着くために締め付け機が使われています。

学校や日常生活の環境の中で落ち着いて過ごす助けになるもののひとつに「カームダウン・スペース」があります。カームダウン・スペースとは落ち着くことのできる空間という意味です。例えば小部屋や仕切られたスペースなど、主な活動の場所とは別の空間を作り、パニック時などにそこに行くことでクールダウンできる刺激の少ない空間です。

また、様々な種類の感覚刺激が提供され、好みの刺激を選択することでリラックスを助けるという方法もあります。そのような空間は「スヌーズレン」と呼ばれています。カームダウン・スペースが低刺激のほとんど何も置かれていない空間であるのに対して、スヌーズレンでは、光や音、感触など様々な感覚刺激を味わうことでリラックス効果を得ることができます。カームダウン・スペースは感覚の過敏に対する支援法、スヌーズレンは感覚の鈍麻に対する支援法といえるでしょう。子どもが安心と心地よさを得るための感覚刺激のあり方は、このように様々で、機械的に減らしたり増やしたりすればよいわけではありません。子どもの特性やニーズを把握する必要があるのです。

対人距離

自閉症のある人は対人距離に定型発達の人と異なる特徴があることも指摘されています。対人距離は「パーソナルスペース」ともいいます。それ以上近づくと不快さや不安を感じる距離のことです。いくつかの研究から自閉症のある人は対人距離が短い傾向があることが報告されています。自閉症のある人は人との関わりを避けると思われがちで、そうであれば、人との距離を定型発達の人よりも長く取りそうなものですが、その反対の結果が研究によって示されました。

自閉症のある子が人に近づきすぎる傾向があることはすでに知られていたことです。自閉症のある子と関わった経験がある人はよく感じていたことと思われますが、それが研究によって確かめられたのです。その一方、対人距離の問題が感覚の問題やコミュニケーションの問題とどう関係するのかについてはまだはっきりとわかっていません。自閉症のある子には、近すぎると相手に不安感を与えることがあること、話すときは腕一本分くらい距離を空けること、などをマナーとして教えてあげると役立つでしょう。

共同注意の問題

視線を追うことと指さしに応じること

人は目でコミュニケーションをする動物といわれています。「目は口ほどに物を言う」ということばもあります。目を見ると、その人が今何に注意を向けているかがわかります。そして視線につられてその方向に目を向け、同じものを見たりします。そのような心の働きを「共同注意」と呼びます。

人類は進化の過程で、集団で行動し協力し合うことで生き残る戦略を選んだという説があります。ある人が今何をしようとしているのかを知るために視線は役立つ情報になります。サッカーのような集団のスポーツを思い浮かべるとわかりやすいでしょう。アイコンタクトで離れた仲間との意思疎通をしています。

定型発達の子どもの場合、生後九か月頃に母親の視線を追いかけることができるようになります。これはチンパンジーのような人に近い動物でもできないことで、人ならではの行動です。次に、目だけではなく、指さしに応じることができるようになります。最初は近いもの、すなわち指されたものが視野にある場合に反応が起こります。次いで、遠くのもの、すなわち指されたものが視野にない場合にも反応するようになっていきます。

そして、自分から指さしをし、相手に伝えようとする行動がみられるようになります。何か欲しいものが

指さしに応じる赤ちゃん

あって、それを取って欲しいという意図で指さしをすることもありますが、「ねえ、あれ見て」といった感じに、自分が興味をもったものを相手に知ってもらいたくて指さしをすることもあります。これは話題を共有することともいえます。それは会話と似たコミュニケーションの機能です。ことばをまだ話さない赤ちゃんの頃から人はある意味で会話をしているのです。

物と相手を交互に見るような行動も共同注意の重要な特徴です。何かを指さしてから、相手の顔を見ます。ちゃんと見ているかなと確認したり、「ね、面白いでしょう?」といった感じで相手の反応をうかがったりしている感じです。指さししてから相手を見ることは、共同注意のはっきりした現れといえます。

自閉症と共同注意の問題

共同注意は、乳幼児の健康診査で重要なコミュニケーション発達の指標として取り上げられています。そして、自閉症のある子では共同注意がみられにくいことがわかっています。特に、「あれ見て！」という意味をもつ指さしをして相手を見ることのような共同注意を自分から始めることが乏しいようです。

何かしたいことがあって自分ではできない場合、例えば、高い所にある欲しい物を取りたい場合、自閉症のある子は近くにいる人の腕を取って対象物に向けて動かそうとすることがあります。そのような行動を「クレーン現象」といいます。定型発達の子の場合、取って欲しい物を指さし相手の目を見て要求を伝えますが、自閉症のある子はそれをしません。問題をコミュニケーションによって解決するのでなく、人を道具として使うことで解決しようとしているように見えます。しかし、自閉症のある子でも、共同注意がいつまでもみられないわけでなく、定型発達の子よりも遅れ、また量は多くないもののみられるようになっていきます。

共同注意と学習

共同注意の乏しさは学校での学習にも影響します。人から学ぶことに難しさが生じるのです。授業の場面を想像してみましょう。先生が児童に話をします。「黒板を見てください」などと言うときに、先生は一人一人に対面して話しているわけではありません。しかし、定型発達の子は、先生が自分のほうを見て話していなくても、自分にも話していると感じ、指示に従います。しかも、考えてそれをしているわけでなく、いわば自動的に注意のスイッチが入ります。自閉症のある子の場合、そのスイッチが入りにくいのです。マンツーマンで対面すると、先生が自分に向けて話していることがわかりやすいので先生の話を聞いて指示に従うことができますが、集団の中に入ってしまうとそれができにくくなります。注意を合わせることの難しさという点で、こういったことも共同注意の問題といってよいと思います。

話しことばの特徴も聞くことの難しさに関係します。話しことばは音からできています。音はいったん発せられると痕跡を残さず消えてしまいます。つまり、その瞬間に注意を向けていないと頭に入っていかないのです。定型発達の子は注意を合わせることが自動的にできますので苦労しませんが、自閉症のある子は意識して努力しないとできません。人が注意を集中できる時間はそう長くありませんので、自閉症のある子の場合、人の話が耳には入っても、そのまま素通りしてしまい心に留まりにくいのです。授業中に先生や他の子の話が聞けないことには、そのような背景があります。怠けていたり、わざと無視したりしているわけではなく頑張っても難しいのです。

先生の話に注意を向けにくい問題に対しては、大事な事柄は黒板に書いたり、連絡事項はメモにして渡したりするなど、文字で伝えることが効果的です。文字は声と違ってすぐに消えることがなく、消さない限り、そのまま残っています。つまり情報を取り入れるために人にタイミングを合わせる必要がありません。実際、自閉症のある人は人から聞いて学ぶよりも、本などを読んで知識を取り入れることが多いようです。話すだけでなく、文字で伝えることは、授業やその他の学校での活動で合理的配慮としてできることでしょう。

心の理論の問題

心を理解する力と対人関係の問題

「心」はどこにあるのでしょうか。それはカップや鉛筆が見えるのと同じようには目に見えません。しかし、私たちは人の心をリアルに感じることができます。心があると考えたほうが人の行動が理解しやすくなります。この人は雨が降ると「思った」から傘を持ってきたのだろうとか、あんなことを言うなんて、あの人は私のことが「嫌い」なのかなとか。そのように、私たちは考えや感情などの心の状態と関係づけて人の行動を理解していきます。その点で、私たちはふだん心理学を使って生活しているともいえます。ただし、それは科学的な心理学でなく心に関する素朴な常識のようなものです。そのような心についての常識は「心の理論」と呼ばれています。心の理論があると人の行動をある程度予測でき、得をしたり危険を避けたりできますのでメリットがあります。

人とうまく付き合ってゆくためには、こんな場面で自分がこんな風に言ったりふるまったりしたら相手はどう思うかなど、相手の視点に立つことや、自分の発言が相手にどう伝わるかを想像できることが重要です。しかし、自閉症のある子は心の理論の獲得に困難を抱えています。そのため相手の意を汲んだり気を配ったりすることができず、それはクラスメイトとの仲間関係をうまく築けないことにつながります。

心の理論のテスト

心の理論をもっているかどうかを調べるテストがあります。次のような問題です（文献⑩）。

【ストーリー】なつきちゃんは自分のボールを箱にしまい遊びに行きました。部屋に入ってきたゆうたくんは箱の中のボールを見つけ、それをバッグに入れ替えました。

【質問】なつきちゃんは部屋に戻ってきて、またボールで遊ぼうと思いました。なつきちゃんはどこを探すでしょう?

答えは箱です。なつきちゃんは箱の中にボールを入れ、バッグに入れ替えられたところを見ていませんので、箱の中にあると思うはずです。通常の発達をしている子どもは四歳の頃にこのような問題に正答できるようになりますが、知的な発達に遅れがなくても自閉症のある子は正答できず、バッグと答えてしまいます。つまり、なつきちゃんの視点に立つことができず、自分の視点で答えてしまうのです。実際はバッグの中にあるのに箱の中にあると思うのはなつきちゃんの立場からするとおかしくはないのですが、現実と照らし合わせると誤っていますので、このような課題は「誤信念課題」と呼ばれています。また、誤信念課題とは異なる心の理論課題もあります。それは次のようなものです（文献⑩）。

【ストーリー】なつきちゃんは誕生日のプレゼントにハムスターがもらえると期待していました。しかし、プレゼントの箱を開けてみると、中には欲しくないクマのぬいぐるみが入っていました。お母さんに『どう? 気に入ってくれた?』と質問されたなつきちゃんは、『ありがとう。欲しかったの、クマのぬいぐるみ』と答えました。
【質問】なつきちゃんは本当のことを言っていますか? それはどうしてですか?

これは「罪のない嘘」の課題と呼ばれています。なつきちゃんは、本当は欲しくなかったのに、本心とは違うことをお母さんに伝え感謝します。本心を言うとお母さんを悲しませるかもしれないと気を遣ってのことです。「嘘も方便」といいますが、そのような相手の発言の意図を理解できるかどうかが解答のポイントになります。

教室で起こる心の理論の問題

心の理論の問題は教室の中で起こるトラブルの原因になることがあります。こんなことがありました。給食の時間の出来事です。Aくんは給食当番のときに仲の良いBくんにおかずを大盛りにしてあげました。Bくんが喜ぶだろうと思って行ったことです。しかし、Bくんは他の児童から一人だけ大盛りでずるいと非難されてしまいました。Aくんは他児の視点に立って自分の行為がもたらす結果を想像することができなかったのでしょう。

また、こんなこともありました。Cくんは隣の席のDさんのことを嫌いなわけでなく、からかうつもりも全くないのですが、Dさんが気にしている顔の特徴についてたびたびDさんに話しかけてしまいます。そしてDさんが嫌そうな顔をしているのに気づく様子がありません。自分の発言が相手に与える影響を想像することができなかったと考えられます。

自閉症のある子の心の理論の発達

自閉症のある子も発達とともに誤信念課題に正しく答えられるようになります。そして、それに関わっているのがことばの力であることがわかりました。ことばの力が九歳レベルを超えると、自閉症があっても誤信念課題に正答できることが多くなります。つまり、小学三年生頃になると、ことばによって考えることで人の心に気づくことができるようになるのです。ただし、テスト場面でできるようにはなっても、日常生活場面で自発的に人の心に気づくことの難しさは残るようです。とはいえ、自発的にではないにせよ、考えればわかるようになるのは大きな進歩といえるでしょう。

心の理論の発達と人の目への気づき

心の理論の発達、つまり他者の視点に立てるようになることは、人が自分のことをどう見ているかに気づくことにもつながります。自閉症のある子は、心の理論を獲得すると不安が高まったり、情緒が不安定になったりすることがあります。物事の感じ方やふるまい方などが他の子と違っていたり、話がかみあわなかったりすることに敏感になるのです。そして、自分は周りの子から変だと思われているのではないかと心配したり、自分に向けられた何気ない笑顔を馬鹿にされていると否定的に捉えたりするなど被害意識が高まることもあります。特に、人との関係で失敗経験を積み重ねてきた子は、心の理論をもつようになると、自分に向けられた発言や視線を過剰に否定的に捉えることが多くなるようです。そのように、自閉症のある子も心の理論を獲得していくのですが、それがあることで周囲の人が自分に向ける目を意識するようになり、心のバランスが崩れることがあることは心に留めておく必要があります。

語り――ナラティブ――の特徴

語ること

子どもは四歳頃になると、自分がしたことや、身の回りで起こったことなどを大人に話すようになります。「動物園に行ってきたよ。象さんを見たよ。すごく大きかった」などと話します。どんな出来事が、どんな風に展開して、どう思ったか、といったように、出来事が時間的・因果的につなげられ、そのことへの考えや気持ちが述べられている語りのことを「ナラティブ」といいます。「○○したら（原因）、○○になった（結果）、○○だと思った（考え）」という形式をもっています。説明のことをナレーションといいますが、それと同じ語源で、つまりナレーションすることです。

そのような語りが始まると、子どもと会話をしている実感がぐっと増します。心の状態について話すようになると、気持ちが通じている感じがするからです。先ほどの例では、お母さんは例えば次のように話を続けることでしょう。「そう、楽しかったね！　他にどんな動物を見たの？」このような行動は、話題を提示し共有するという点で、共同注意と同じ機能をもっており、その発展型であるといえます。また、心の状態を表すことばが使われる点で、心の理論の発達にも関係します。心の理論と歩調を合わせて発達していくようです。

ナラティブの力は親子の会話を通して発達していきます。先の例では「そう、楽しかったね！」とお母さんがコメントしています。子どもはそのときの自分の心の状態を振り返り、「楽しい」という気分であることを学びます。そして、そのことばを自分でも使うようになります。ごっこ遊びや読み聞かせなどの場面でも、そういった会話が展開されます。出来事を述べてコメントする、というパターンです。その語りを受けて「それからどうしたの？」「それはどうして？」などと大人が問いかけることは、子どものナラティブの発達を促すことがわかっています。

物語の構成要素

ナラティブには自分が経験した出来事を語ることと、想像をふくらませて物語を作ることの二つの側面があります。ごっこ遊びは物語を作るほうに関係します。物語には一定の展開のパターンがあります（文献⑪）。物語文法とも呼ばれるものです。

その構成要素と具体例を次に挙げます。

【始まり】お母さんと男の子が家でのんびりしていました。
【出来事】お母さんは一人で買い物に出かけました。
【心の動き】男の子はちょっと寂しくなりました。
【意図と計画】そこで、男の子はお母さんを驚かせて遊ぼうと思いました。
【試み】男の子はドアの陰に隠れ、お母さんがドアを開けた瞬間に飛び出しました。
【結果】お母さんはびっくりして飛び上がりました。
【解決】男の子は作戦がうまくいって大笑いしました。
【結末】お母さんも一緒に笑いました。

これは作文を書く力に関係します。起承転結と心の動きは作文の基本的な構成要素といえます。幼児期からのナラティブの発達は、作文を構成する力の土台になると考えられます。

自閉症のある子の語り

自閉症のある子は、ナラティブ形式で、自分に起こった出来事を表現したり、想像の話を作ったりすることに困難を抱えます。出来事の羅列になってしまうことが多く、テーマがわかりにくいのです。また、出来事相互の関係もわかりにくく、脈絡やストーリーが感じられません。私たちが行った実験をひとつ紹介します。

大きな赤い三角形と小さな青い三角形が動くアニメーションがあります。次のストーリーを想像させる動きをします。「お母さん（赤い三角形）が家の外に向かって動き、子ども（青い三角形）がついて行った。お母さんは家の外に出たが、子どもは怖がって外に出られなかった。お母さんは家の中に戻り、子どもを励まそうとして、後ろからそっと押した。子どもは外に出ることができ、お母さんと一緒に喜んだ」（下図）。このアニメーションを小学生に見せて、「今アニメで見たことをお話ししてください」と求めたところ、次のように語ってくれました。

【定型発達：小学四年生（語い年齢 九歳十一か月）】

小さい三角がなかなか出られなくて、大きい三角が励まして、おいでよ早く、と言ってるように見えた。

【自閉症：小学三年生（語い年齢 十歳十一か月）】

一回、赤が枠から出て、そして戻ってきて青を押して、青が四回くらい、くるくる回って、戻ってきた。

定型発達の小学四年生では、図形を人に見立てたストーリーになっていて、意図や気持ちの表現も含まれてい

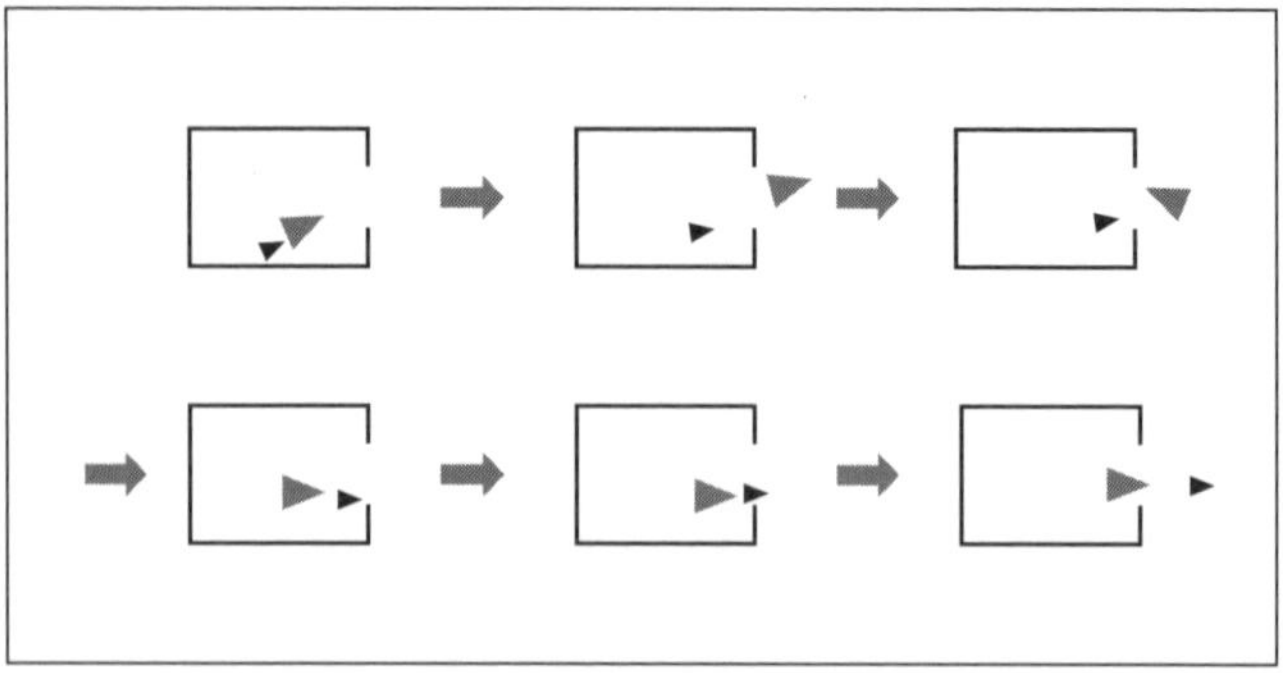

図　ストーリーを想像させるアニメーション

ます。「○○したら、○○になって、○○と思った」という典型的なナラティブの形式になっています。一方、自閉症のある小学三年生は定型発達の四年生よりも語彙力はむしろ高いのですが、その語りは出来事を即物的に表現するのみで人に見立てていません。因果関係や意図や気持ちなどの心の状態も表現されていません。つまり、正確で詳細な事実の描写ではあるのですがストーリー性が感じられないものになっています。

自閉症のある子と会話するときに、相手の気持ちがわかりにくいと感じる背景には、このようなナラティブの問題があると考えられます。また、それは自閉症のある子の作文の苦手さの背景にもなっていると思われます。

弱い中枢性統合

木を見て森を見ない

自閉症のある子の認知の特徴として「木を見て森を見ない」傾向があることが指摘されています。木を見る場合でも、枝葉にばかり目が行き、幹を見ることができません。これは要点を把握することの難しさにつながります。

図①の形を見せ、同じ形は図②と図③のどちらですかと質問すると、自閉症のある人は図③を選びやすく、定型発達の人は図②を選びやすいという研究があります（文献⑫）。図③は見本の図形と部分の形は同じですが全体の形は違います。一方、図②は部分は異なり、全体は同じです。

図①

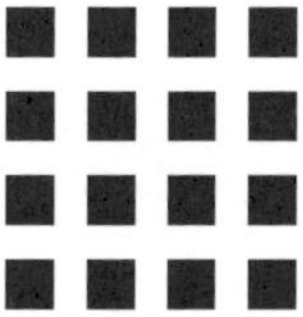

図②

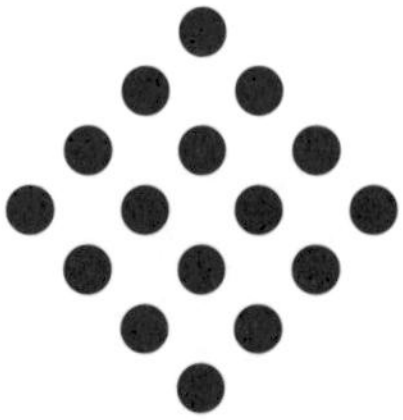

図③

　次に、図④の写真を見てください。そして写真を隠し、見た写真を思い出して絵を描いてみてください。おそらく、図⑤のような絵を描かれたのではないでしょうか。ポイントは3点あります。海を表す波線、建物を表す長方形、人を表す棒人間です。写真を見ると、その他にもたくさんの情報があります。これはハワ

図④

図⑤

イの写真ですが、遠くに見える山、ビーチパラソル、椰子の木などなど。しかし、それらは枝葉の部分で、幹になる情報は、海と建物と人でしょう。そういった情報の取捨選択は考えてではなく自動的に行われます。自閉症のある人はそれが難しいのです。自閉症のそのような認知特性は「弱い中枢性統合」と呼ばれています。

自閉症のある人たちが見ている世界

自閉症のある翻訳家のニキ・リンコさんは著書で次のように書いています（文献⑬）。

> 小学校はふしぎなところだった。お勉強をしにいくところだと聞いていたのに、お勉強以外のことがどっさりあったから。「あさのかい」があったり「きゅうけい」があったり「きゅうしょく」があったり「はみがきしどう」があったり「かえりのかい」があったり「おとうばん」があったりする。体じゅうが「なんなんだよー」というキモチになったが、頭は「なんなんだよー」とは考えなかった。かわりにどう考えたかというと、「あさのかい」も「きゅうけい」も「きゅうしょく」も「はみがきし

どう」も「かえりのかい」も「おとうばん」もお勉強だと思っていた。「そういう科目にちがいない」と考えた。（ニキ・リンコ「俺ルール！　自閉は急に止まれない」花風社．pp.29～30）

小学校への入学を控えた子どもから「学校ってどんなところ？」と聞かれたら、「勉強を習うところだよ。先生がいてお友達がたくさんいるよ」などと答えるでしょう。定型発達の子どもの場合、それだけで納得するかもしれません。しかし、自閉症のある子は、そのような大雑把な説明では納得できないことがあるのです。要点をざっくり知るだけでなく、細かいところが気になるのが自閉症のある子どもたちの特徴です。

そのような見え方の特徴を「解像度」という例えで表現することがあります。最近のテレビは、４Ｋ、８Ｋなど解像度が高く、とても細かい部分まで鮮明に見えます。同じものを映していても昔のテレビとは見え方が全然違います。自閉症のある子の見え方は解像度が高く、定型発達の子の見え方はそれに比べ解像度が低いともいえます。同じものを見ていても見え方が違うならば、すれ違いも起こりやすくなるでしょう。感じるポイントが違うため、話が合わないことも起こりやすくなるかもしれません。

そのような認知の特徴はことばやコミュニケーションにも影響します。次のようなエピソードがあります（文献⑭）。自閉症のある子にミニチュアの寝具セットを見せ、ベッド、布団、枕を指して「これ何？」と質問すると、ベッドと布団はその名前を言いましたが、枕は餃子と答えたそうです。見た目が餃子にそっくりだったのです。しかし、ふつうは餃子にそっくりでも状況から「枕」と答えるでしょう。自閉症のある子では、そのように文脈から判断することが難しく、見えたままに答えてしまうことがあります。また、「空調室はファンの音がうるさかった」という文を聞いて、ファンということばを換気扇のプロペラのことでなく、スポーツ選手のファンのことだと思ってしまったという例もあります（文献⑮）。全体の文脈を考えず、ひとつの語だけに注目して文の意味を解釈するとそのような理解がなされることがあります。

自閉症のある人の強さを説明する理論

弱い中枢性統合は自閉症のある人の困難さにつながる反面、強さにもなると考えられます。自閉症のある人の中には、美術や音楽などの分野で優れた能力を発揮する人がいます。

一度短時間だけ見たものを記憶のみで正確に絵で再現できるなどです。そのような能力は弱い中枢性統合という観点から説明されています。細部への並外れた集中力や記憶力の強さは、そのように芸術などの分野で生かされることもあります。

山下清さんという画家がいました。知的障害があり、自閉症の特性をもっていた人です。放浪画家として有名で、日本中を旅してまわり、見た風景を貼り絵にして表現するのですが、その絵は写真を撮ったかのように細かい部分まで正確に再現されています。しかし、スケッチしたわけでも写真を撮ってそれを見ながら描いたわけでもありません。記憶だけで描かれたものです。そのようなタイプの記憶は「映像記憶」などとも呼ばれます。

無駄な情報を振るい落とすことによって私たちは効率的に生活したり学習したりすることができますが、その一方で、細部に潜む重要な情報を見逃していることもあるかもしれません。芸術家や常識を突き破って全く新しい発見や発明をする科学者の中には、中枢性統合が弱い人がたくさんいそうな気がします。

実行機能の問題

自分をコントロールする力

子どもは自分をコントロールする力を赤ちゃんの頃から少しずつ身につけていきます。目先に面白そうなものがあると赤ちゃんはためらいなく手を伸ばし、それで遊ぼうとします。しかし、幼稚園などで集団生活が始まると、目の前に玩具があっても遊んでよいときしか手に取らなくなっていきます。玩具を手にしたい気持ちを抑えているのです。そして、今は○○の時間、それが終わったら遊びの時間だから、そのときに遊ぼう、といったことを考えます。そのように、すぐに飛びつきたくなる気持ちを抑えて計画的に行動する力、つまり自分をコントロールする力のことを「実行機能」と呼びます。

実行機能はオーケストラの指揮者によく例えられます。たくさんの演奏者を統括し、なめらかで整った演奏を実現させるのが指揮者の役割です。指揮者がいないと、いつ演奏を始めるか、どのように進めていくかがわかりません。それと同じように、実行機能が働かないと、何をどのような手順で行っていくか、計画を立てながら物事を進めていくことができなくなります。

実行機能にはいくつかの要素があります。まず、目先の刺激への反応を抑制し、目標の実現まで反応を延期すること。そして、目標を達成するために必要な情報を頭に留めておくこと。また、ひとつの考えに執着せず、必要に応じて考えや見方を切り替えること。それから、目標を実現するために最も効果的な計画を立てることなどです。

プランすることの問題

計画を立てることはプランニングともいいますが、その力を調べる「ハノイの塔」と呼ばれる課題があります。次のようなものです。三枚の木のディスクを、①一度に移動できるのは一枚のディスクのみ、②小さいディスクの上に大きなディスクをのせてはいけない、③ディスクはいつでも木の棒にささっていなければいけない、というルールがあります。そして、下図のように積まれたピラミッド形を右端から左端にルールを守って移動させます。

これは、もともと十九世紀のフランスの数学者が考えたゲームなのですが、今ではスマートフォンのアプリなどにもなっています。一種の脳トレ系のゲームといえます。ゴールの状態を頭に思い描き、ルールに合わせて、どのディスクをどのディスクの上に置くかとその順番を考えながら解いていきます。行き当たりばったりの思いつきでは達成できず、計画を練る必要があります。自閉症のある子は知能が高くても、このハノイの塔の課題がうまくできないことが多いようです。

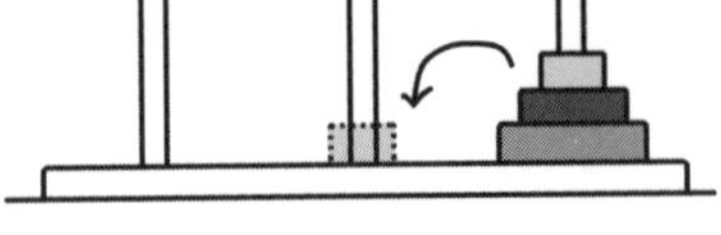

ハノイの塔

自閉症やADHD（注意欠如多動症）では実行機能に問題があるとされています。しかし、問題の現れ方は異なっています。ADHDの場合は衝動を抑える力に主な問題があるようです。待つことができないということです。一方、自閉症の場合はプランニングと切り替えに問題が現れやすいようです。何をどういう順序で行うか見通しをもちにくいことと、次の活動に移ることができにくいことです。実行機能に困難があると日常生活に大きな影響が出ます。自閉症のある子は自力でできないことが手順表を見ながらだとできることがありますが、それは実行機能の問題があることを示しているとともに、有効な支援の手立てであることも示しています。

自閉症のある人は、身辺自立や家事などの日常生活スキルに課題があることを報告した研究もあります。知能が高くても身の回りのことがあまりできていないといったことが自閉症のある子にはよくみられますが、その問題は実行機能の観点からも説明されています。

ただ、自閉症のある子は実行機能に障害があるとする説に私は少しだけ疑いをもっています。自分が興味・関心をもっていることに対してはプランできるからです。例えば、鉄道マニアの子が乗り換えや時間などの旅程を完璧に立てたりします。他方、興味のないことに対しては全く自発的な行動が起きません。自閉症のある人たちの実行機能の問題といわれているものは動機づけの問題が大きいのではないかと私は考えています。

実行機能とことばの役割

実行機能にはことばが深く関わっています。人はことばで自分をコントロールしています。コントロールは幼少期に大人がことばで指示することから始まります。「○○しなさい」や「××しちゃダメ」といったことばを大人は発し、子どもはそれに従うようになります。最初は「○○しなさい」というその場での指示に従いますが、次に「□□のときは○○しなさい」という条件付きの指示に従うようになります。そして、その次の段階では、□□のときに大人は直接指示をせず「今は何をするんだっけ？」のような○○を思い出させる声かけをします。すると、子どもはしなければならないことを思い出してそれを実行します。そういったことが繰り返されるうちに、大人から指示されたり促されたりしなくても、□□の場面になると言われたことを思い出して「○○しよう」と自分で自分に語りかけ実行できるようになります。

自閉症のある子は必要なときにルールを思い出して、それを行うことに困難を抱えていることがあります。そのため、ルールを思い出しやすくするための工夫、例えば、見えやすいところにわかりやすいことばで、どんなときに何をするのかを示す支援が役立つでしょう。「話したいことがあるときには手をあげる」などです。また、スケジュール表の掲示も役立ちます。それは自閉症のある子の支援ではよく使われています。

ルールの掲示
「話したいことがあるときは手をあげる」

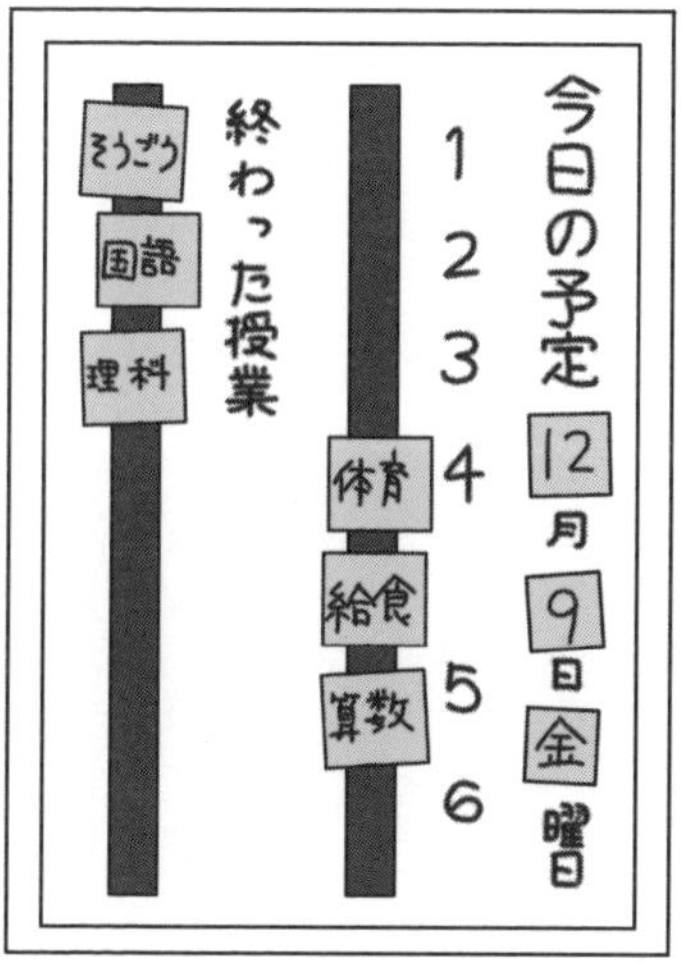

スケジュール表の掲示

学習の問題

長文読解の難しさ

自閉症のある子は学習にも問題を抱えることがあります。苦労しやすいのは国語の長文読解です。文脈がつかみ取れないことや要点がわからないなどの問題が生じます。カッコ内に当てはまる語句を探すといった問題には簡単に、そして正確に答えることができるのですが、どんな、どうして、のような質問に答えることができません。選択肢から選ぶ問題や答えが限定されている問題のことを「クローズド・クエスチョン」、答えに制限がなく自由に回答できる問題のことを「オープン・クエスチョン」といいますが、自閉症のある子はオープン・クエスチョンが苦手で、クローズド・クエスチョンは比較的得意な傾向があります。

ある自閉症のある子に国語の問題集を使って指導していたときのことです。長文読解問題で、自動車の種類と役割について問う問題がありました。その文章は工事などで使う道路を平らにするロードローラーと警察で使うパトロールカーの特徴や役割を説明する内容でした。それぞれの車について五、六行で説明する文が書かれています。最初の問題は、どんな車のことが書かれていますか？二つ書きなさい、という質問だったのですが、その子は二点にまとめて書くことができませんでした。

次の問題は、ロードローラーは何をする自動車ですか、という質問だったのですが、それには正しく答えることができました。ただ、この問題は問題文の出だしから二行の文を丸ごとそのまま抜き出せば正答になりますので、ちょっと長い穴埋め問題のようなものです。次の問題は、車はなぜ重いのですか、という質問でした。それに対し、その子は、「車は、□（長方形）で重いのです」という文を最初に書き、□の部分に当てはまる語句を探す体で解こうとしたのです。つまり、穴埋め問題に自分で作り替えたわけです。穴埋め式なら答えやすくなることをその子は自分でわかっていたのでしょう。

作文の困難

自閉症のある子が最も困難を感じるのは何といっても作文です。作文について「急に書けって言われても何書いていいかわからない」と言っていた子がいました。正直な気持ちだと思います。先ほど紹介した国語の問題集に取り組んだ子は、「せんせい、あのね」の作文に次のように書いていました。

> ヨサコイソーランをおどりました。わたしはドラエモンです。わたしはわくわくランチです。あしたはくもりです。どきどきです。わたしはどうぶつえんです。コジコジがだいすきです。わたしはおみせです。

文意を読み取りにくいのですが、この子の苦労を想像すると、何をどのようにまとめればよいかわからず、とりあえずスペースを埋めるために、頭に浮かんだ語句を「わたしは…です」のような定型フォームに入れる方式で作ったのではないかと思われます。

自閉症のある子の作文は、断片的で羅列的になること、接続詞が抜けやすいこと、心情についての表現が少ないことなどが指摘されています。先に、ナラティブの問題として、因果関係の表現や一貫性がないことなどを挙げましたが、それらも作文の問題の背景になっている要因のひとつと考えられます。

認知特性と学習の関係

自閉症のある子の学習の問題は認知の特徴からある程度説明ができます。まず、作文を書くことに必要な作業を挙げていくと、テーマの設定、情報の選択、筋の立案、言語化、書いたものの点検、などがあります。テーマは先生が設定することが多いでしょう。例えば夏休みの思い出とかです。情報の選択は素材集めです。家族と出かけたことを書くなら、そのイベントの中でどのエピソードを取り上げるかといったことです。ニュースバリューの大きいエピソードもあれば些細なエピソードもあるでしょう。どのエピソードを選ぶかは幹と枝葉をより分ける作業で、中枢性統合の機能が関わると考えられます。

また、出だしをどのように始め、どのように文章をつなぎ、どこに山場をもってきて、どのように結ぶか、といった作文の筋を組み立てることは、脳の指揮者である実行機能の役割になります。それから、書きっ放しではいけません。自分が書いた文を他の人が読んだらどのように受け取るかを想像して文章を点検し推敲することも大切です。それには心の理論のような他者の視点に立つ力が必要でしょう。

長文読解もまた認知特性から説明できます。文章を構成する一つ一つの文の意味を超えて、それらの文で総合的に何を伝えようとしているのかを把握できなければなりません。この作業には全体を捉えて要点をつかむ中枢性統合の働きが必要になります。また、作者がその文章で何を表現しようとしていたのかや、登場人物の心情を読み取る必要もあり、それらには心の理論が関係するでしょう。算数の文章題も出題者の意図を推測することが必要で、それには心の理論が関係すると思われます。

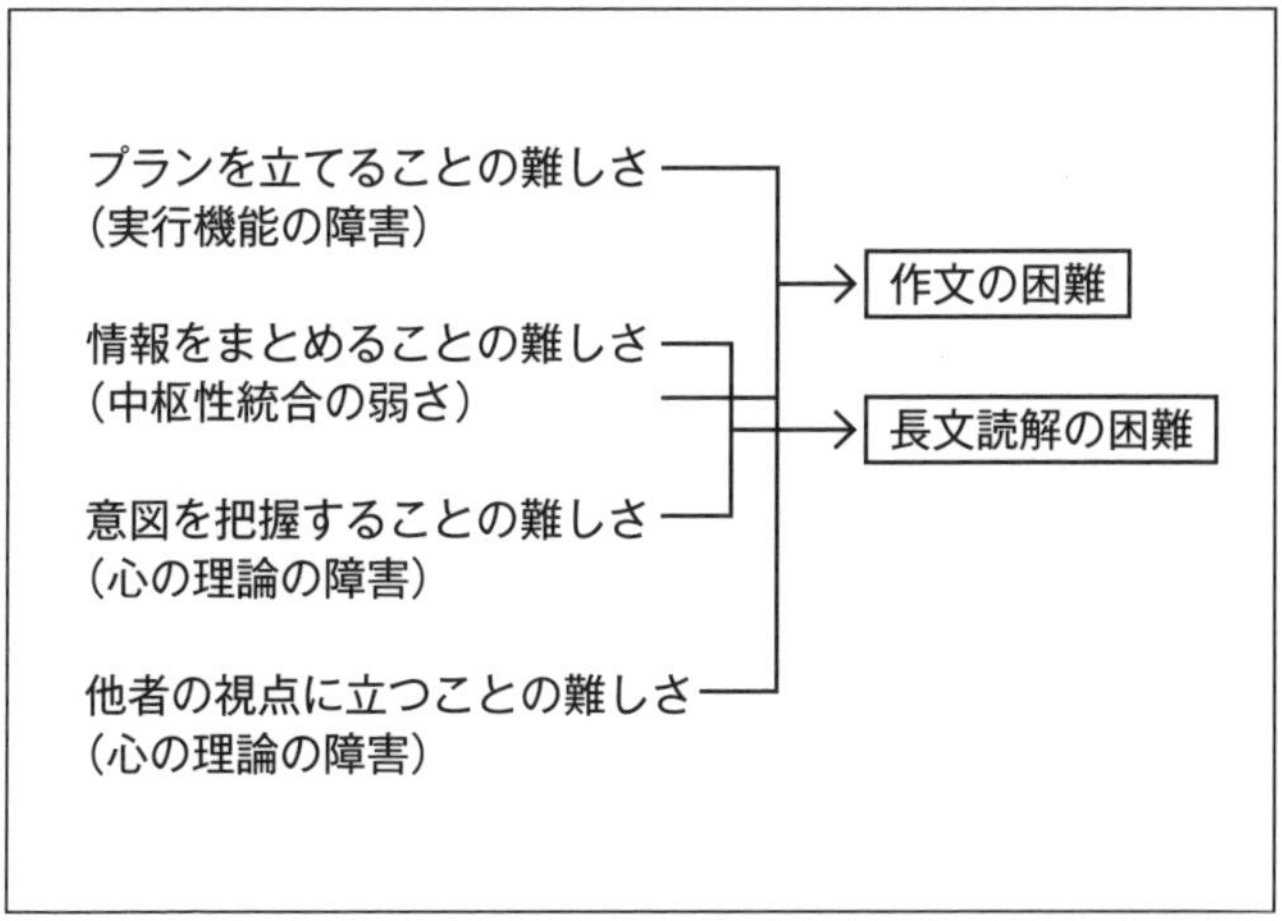

図　認知の特徴と学習の問題

共感と感情の理解

共感の発達

共感とは、相手の気持ちがわかること、相手の身になって感じることができることで、人と人をつなぐとても重要な心の働きです。特に意識せずとも自然にそういう気持ちになることが共感の特徴です。考えるのでなく感じるのです。

共感する力があると他の人とうまくやっていくことができます。悲しんでいるみたいだから慰めてあげようとか、がっかりしているようだから励ましてあげようといったことは共感する力があるからこそできる心の動きです。そのようなふるまいが身近な人にできると、自分が困っているときにその人に助けてもらえる可能性も高まります。「情けは人のためならず」などといいますね。「情け」とは共感し、助けてあげたくなる気持ちのことです。

共感は感情の理解にも関係します。他の人の苦しみ、悲しみ、喜びなどがわかるからこそ、共感的な反応が生まれます。それらの感情はことばや状況からも理解できますが、最も信頼できる情報源は表情です。表情とことばが異なっている場合、例えば、誉めているようなことを言っているのに顔は怒っている場合、誉めているのは皮肉や当てこすりで、本当の気持ちは表情のほうにあると思うでしょう。

共感には二つの側面があります。「認知的共感」と「情動的共感」です。認知的共感とは相手の心情が理解できることで、情動的共感とは相手の身になって感じることができることです。前者はクールな共感、後者はホットな共感といってもいいかもしれません。

共感することに続き、その相手を助けようとする行動が現れます。他の人のために自発的に何かをやってあげようとすることを「向社会的行動」といいます。そのような行動は自分の利益につながる場合もありますが、見返りを期待しない無償なものが基本になります。それを「利他的行動」といいます。人に言われてではなく、自分からそのような行動を取ることです。

向社会的行動には、慰めること、分け与えること、助けることなどが含まれます。子どもの発達の研究から、向社会的行動は他の人の苦痛に対して慰める行動から始まることがわかっています。共感の発達も、他の人が感じている苦痛を感じることから始まります。苦しんでいる人を見て、その苦しさを自分も感じ、何とかしてあげようとすることは、人に備わっている自然な心の傾向といえるでしょう。

自閉症のある子の共感

自閉症スペクトラム指数の開発者として先に紹介したバロン・コーエンは、自閉症のある人たちの共感についても研究しており、共感化指数（ＥＱ）という評価尺度を開発しました。ＥＱによる調査の結果、自閉症のある人は定型発達の人に比べて共感性の得点が低いことが報告されています（文献⑯）。

また、日本の研究で、自閉症のある子は「ね」という終助詞をあまり使わないことも報告されています（文献⑰）。「ね」とは話し相手に共感を求める働きがあります。それから自閉症のある人は方言を使うことが少ないという知見もあります（文献⑱）。身近な人との会話で方言を使うと打ち解けた感じになり、親しみがわきます。自閉症のある子に共感の乏しさを感じるのは、そのようなことばの表現の特徴もあると思います。表情の乏しさやアクセントやイントネーションなどの話し方の平坦さも自閉症のある子の共感性の乏しさの印象につながっていると考えられます。

一方、他の研究によると、自閉症のある子は認知的共感には問題がみられるのに対し、情動的共感には定型発達の子と比べて著しい違いはないという知見もあります。つまり、相手の気持ちを理解することには困難を抱えるものの、感じることはできるということです。たしかに、クラスメイトが叱られているのを見ると自分の心もつらくなる自閉症のある子がいます。

自閉的共感性

自閉症のある人の認知スタイルが「解像度」に例えられていることを先に述べました。そして、解像度が違うもの同士が経験を共有することの難しさが自閉症のある人から指摘されています。同じものを見ながら、見え方が違うなら、共感的に経験を共有するのは難しいだろうということです。そのように考えると、共感関係が成り立ちにくいことは、自閉症のある人だけの問題でなく、自閉症のある人と定型発達の人との間で生じる問題といえます。例えるなら、両者は「波長」が違うということになるでしょう。

このことに関して、自閉症のある人は自閉症のある人に共感するという研究の知見があります。それを「自閉的共感性」の仮説といいます。その研究を紹介します（文献⑲）。自閉症の特徴をもつ人と定型発達の特徴をもつ人が登場人物になる物語を読んでもらい、そのときに脳の共感に関わる部位がどのように反応したかを測定するという実験が行われました。その結果、自閉症のある人は自閉的な人が、定型発達の人は定型的な人が登場する文章を読んだときに脳の共感の働きが活発になりました。この結果は、同じ特徴をもつ人同士は共感が起こりやすいという心理学の知見によって説明されています（文献⑳）。

この仮説はこれからさらに検証され確かめられる必要がありますが、世界にもインパクトを与えました。この研究から示唆されることは自閉症のある人同士の共感的な交流の可能性です。つまり、同じ特徴をもつ者同士なら、無理に相手に合わせる努力をせずとも、その人自身のままで他の人と自然な共感に基づく関係が築けるのではないかということです。自閉症に特化したＱＯＬ尺度というものがあり、その中に「友人や親しい人といるときにあなた自身になれますか？」という項目がありますが（文献㉑）、自分らしさを失わずに仲間と関われることは、ウェルビーイング（幸福感）を高めることにつながると考えられます。

道徳判断の特徴

道徳判断の発達

道徳は善悪を判断するための基準となる社会の規範です。向社会性が困っている他の人を助けようとする自然な心の傾向であるとすると、道徳的な判断はもっと意識的なもので、「かくあるべし」という意思決定を含みます。

道徳判断の発達については発達心理学者・ピアジェの研究が有名です。ピアジェは子どもに、動機は良いけれども損失が大きい話と、動機は悪いのだけれども損失が少ない話を聞かせ、どちらが悪いと思うか、とその理由を質問しました。子どもに聞かせたのは次のような話でした（文献㉒）。

（話1）食事ができたと呼ばれ、勢いよく食堂へ入ろうとしたとき、食堂のドアの向こう側にたまたま椅子が置いてあり、ドアを開けたら椅子にぶつかってしまいました。その椅子の上にはお盆にのせたカップが十五個置いてありました。それでカップが全部割れてしまいました。
（話2）お母さんがいないときに、椅子に乗って食器棚の中のジャムを取ろうとしましたが、ジャムは高いところにあってなかなか取れません。そうしているうちにカップに手が触れてカップを床に落として割ってしまいました。割ったカップは一個だけでした。

子どもの答えを見ると、七歳頃までは動機にかかわらず、結果の重大さに着目して善悪の判断をしますが、九歳頃になると結果の重大さよりも動機によって善悪の判断をするようになることがわかりました。つまり、八歳頃を境として、損失の大きさによる善悪の判断から動機の良し悪しによる善悪の判断に変わっていくのです。動機と意思決定に比重が置かれるようになる点で、この年齢が子どもの道徳判断の分岐点といえるでしょう。
ピアジェの研究を引き継いで発展させたコールバーグは、モラルジレンマと呼ばれる課題を考えました。それは例えば、病気の妻のため、高価で買えない薬を手に入れるために盗むことを容認できるかどうかといったことです。コールバーグは、三水準、六段階からなる道徳判断の発達段階を提唱しています（文献㉓）。

表　道徳判断の発達段階

水準	段階	内容
前慣習的	1　服従と罰への志向	権威者に服従し罰を避ける
	2　素朴な自己中心的志向	自分の欲求を道具的に満たす
慣習的	3　よい子志向	他者から是認されることを欲する
	4　権威と社会秩序の維持への志向	義務を果たし社会秩序を維持する
後慣習的	5　契約的遵法的志向	公平性を尊重し他者の権利も守る
	6　良心または原理への志向	普遍的な倫理的原則に従う

前慣習的水準の子どもは、まだ道徳的な判断には至っていません。他人から罰せられな

いことと自分の利益が損なわれないことが行動原理になっています。次に慣習的水準があります。この段階では道徳的な判断基準の芽生えがあります。ここでは、人から好かれるかどうかといったことやルールの遵守といった主に外的な基準に合わせることが行われます。最後に後慣習的水準があります。この段階では道徳判断の内的な基準が築かれます。そして自分のためだけでなく、他の人々にとっても良いことを考え、行動するようになります。

自閉症のある子の道徳判断

自閉症のある人を対象にして道徳判断について調べた研究があります（文献㉔）。その研究では、悪い意図をもって行った場合とそうでない場合、悪い結果が起きた場合とそうでない場合の組み合わせによって、何も起きなかった、悪いことを意図した、悪いことが起きた、悪い結果を意図的に起こした、の四つの場面を設定し、その話の主人公をどれだけ許せるか回答を求めました。その結果、自閉症のグループも定型発達のグループも悪い意図や結果を許せないと判断していましたが、意図せず悪いことが起きてしまった場面では自閉症のある人のほうが定型発達の人よりも許せないとする回答が多い傾向がありました。つまり、自閉症のある人は意図よりも結果を重視しているということです。

また、道徳判断と心の理論の関係について調べた研究もあります。自閉症のある子は意図よりも結果に注目する傾向がありますが、高いレベルの心の理論課題（誤信念課題）を通過した自閉症のある子は、通過しなかった子よりも結果に関する言及が少ないことが示されました（文献㉕）。つまり、心の理論が発達すると、道徳判断において、結果よりも意図に注目するようになっていくということです。他者の視点から物事を考える力である心の理論の発達と道徳判断の発達は関係しているようです。

自閉症の倫理学

道徳判断について、共感に基づくかルールに基づくかの議論もあります。心の理論の項で「罪のない嘘」の課題について書きました。嘘は道徳的には許されない行為ですが、自分の利益のためでなく人を思いやる気持ちから出たものである場合、許され、むしろ推奨されることもあります。文部科学省は道徳教育の意義について、生命を大切にする心、他人を思いやる心、善悪の判断など規範意識等を身につけることを挙げています。

善悪の判断については知識と推論によってもできますので、自閉症のある子も学べる可能性があります。一方、他人を思いやる心をもつことは、共感性や心の理論に課題のある自閉症のある子には難しいと考えられます。では、自閉症のある子には他人を思いやる心はもてないのでしょうか。必ずしもそうとはいえないと思います。

他人を思いやることの可能性は自閉的共感性の仮説から見えてきます。自閉症のある子ども流の思いやりの心のあり方があるのではないかということです。それによって道徳判断のスタイルもユニークなものになるかもしれません。とすると、これは異文化コミュニケーションの問題につながってきます。善悪の判断など道徳に関する事柄を自閉症のある子と定型発達の子が様々な視点から話し合い、お互いの理解を深めることが大切です。

読書の傾向

生活言語と学習言語

ことばの発達には大きく二つの段階があります。生活で必要なことばを習得する段階と学習に必要なことばを習得する段階です。話しことばの世界と書きことばの世界といってもよいでしょう。ここでは書きことばの世界に子どもはどのように入っていくかについてまず見ていきます。

子どもは文字が理解できるようになる前から絵本を広げて読むふりをしたり、繰り返し読んでもらった本を丸暗記して読むふりをしたりします。そのような行動はプレリテラシ

ーといいます。それは読み書きの準備条件になります。特に絵本の読み聞かせなどはプレ

リテラシーの発達に効果があることがわかっています。本を読むことも、勉強からでなく

遊びから入っていくのです。

本を読むことの利点はたくさんありますが、そのひとつに心を理解する力を育むという

ことがあります。新たな知識を吸収できるだけでなく、心の世界に入っていくことができ

るのです。物語などの文芸作品を読む経験は心の理論に関係するようです。物語の世界で

は、主人公が生きている世界を、ことばを通して体験することができます。そして、事実

についての描写だけでなく、心の状態がことばで表現されています。

物語を通じて様々な人間関係のあり方を知ることができ、心の動きを意識することがで

きます。また、感情の状態を表すことばについては日常生活で話されることばより、ずっ

と繊細でバリエーションに富んでいます。物語は子どもの心の理論の成長を促し、また、

心の理論が物語理解を豊かにすると考えられます。

自閉症のある子の読書の傾向

自閉症のある子の読書についてはあまり研究がありません。そこで、私たちが行った調査の結果を紹介したいと思います（文献㉖）。調査対象者の数が多くないので、自閉症のある子の一般的な傾向を示すものではないかもしれませんが、次のような結果でした。

子どもの知的発達やことばのレベルが同じくらいで、蔵書など家庭の読書環境も同様である場合、本を読んでみたいという気持ちの程度において自閉症のある子は定型発達の子と差がありませんでした。その一方、物語などフィクションの本に関しては定型発達の子のほうが自閉症のある子よりも多く読んでいました。そして、自閉症のある子では、心の理論が発達している子ほど、実際に読んではいないけれども知っているフィクションの本の数が多い傾向がみられました。このことは、本への興味の芽生えと考えられ、それは心の理論の発達に伴っている可能性が示唆されました。

また、読書力診断検査（図書文化）に含まれている「本を読むことについてのアンケート」を行ったところ、「図書室や図書館などによく行く」という項目で自閉症のある子は定型発達の子よりも強い肯定の回答をしていました。また、「本をよく読む」と「本屋によく行く」という項目でも自閉症のある子のほうが強く肯定していました。自閉症のある子が図書室によく行くことは、静かで落ち着いた環境で一人になりたいこともあるかもしれませんが、本が好きな子が多いこともあると考えられます。先に挙げた自閉症スペクトラム指数にも「パーティーなどよりも、図書館に行く方が好きだ」という項目があります。

一方、自閉症のある人たちの自伝をひもときますと、自閉症のある子は、ノンフィクションの本のほうが好きだといわれているけれども、それは間違っていて、自分はフィクションのほうがずっと好きで、一番好きなのは冒険物語といった記述がみられます（文献⑧）。他の自閉症のある子の自伝でもファンタジー冒険物語が大好きだという記述がみられます（文献㉗）。図鑑、解説書、科学本などのノンフィクションが好まれる傾向はありますが、自閉症のある子はフィクションを好まないと一概に決めつけることはできないようです。

自閉症のある子の心の理論とことばの発達

自閉症のある子は本から自発的にいろいろなことを学んでいるようです。自閉症のある子の自伝に次のような記載があります。

> 「いつでも言葉に興味がある」「言葉でできる遊びが大好き」「ぼくは本を読むのが大好き」「新しいことを学ぶのに一番いいやり方のひとつは、読書を通じて学ぶこと」「読んだとき、確かに一番よくものを覚える」（文献㉗）

> 「*ASの人たちって、ほかの人がしゃべるのを注意して聞く時間が短いと思うんだ。その分、本から単語を仕入れることが多くなる」（文献⑧）
>
> *AS＝アスペルガー症候群

また、自閉症のある子の心の理論の発達には読書経験が関係することも考えられます。

自閉症のある子も心の理論が発達することについて先に書きましたが、その発達の仕方は定型発達の子とは少し異なっていることがわかっています。定型発達の子は考えずとも自然に相手の身になって感じることができますが、自閉症のある子では、それは難しいことです。その代わり、ことばを使って考えることで、他者の心を理解するようになることが明らかになっています。だいたい九歳くらいのことばの力が身につくと、それができるようになります。「こんなときに人はこう考えるだろう」と推測できるようになるのです。自閉症のある子が人の心の動きに関する知識を蓄えたり推論できたりするようになるのは、本を読むことを通じて行っている面があるように思います。

私たちが行った読書に関する調査でもうひとつ注目されたことは、「おもしろい本が、なかなか見つからない」という読書アンケートの項目で、自閉症のある子が定型発達の子よりも強く肯定していたことです。多様性が重視される時代です。学級文庫などにも、様々な読書の好みに応じた本を置くことが大切でしょう。それは子どもたちの興味・関心の多様性の理解にもつながるのではないでしょうか。

第2章

自閉症のある子どものことばとコミュニケーションの支援

自閉症のある子どもへの支援の原則

SPELL

自閉症のある人たちへの支援で大切なことを、イギリスの自閉症協会はSPELLというキーワードで紹介しています。これは五つのことばの頭文字を集めたものです。「S」はStructure（構造）、「P」はPositive（肯定的）、「E」はEmpathy（共感性）、「L」はLow arousal（刺激の低減）、もうひとつの「L」はLinks（連携）です。これらについて説明します。

構造化

自閉症のある人の弱い中枢性統合、つまり「木を見て森を見ない」という認知のスタイルについて先に説明しました。物事の要点つまり幹を残し、その他の細部つまり枝葉を刈り込むことの難しさです。その結果、目に入るもの、耳に入るものが多いほど、周囲の世界は混沌としたものになります。定型発達の人では、情報の取捨選択が自然に行われますが、自閉症のある人ではそれが難しいのです。その問題への有効な支援が構造化です。構造化は自閉症のある子の支援では最も重要なことのひとつですので、次の項で詳しく説明します。

ポジティブなアプローチ

子どもがもっている強みや興味・関心などを把握し、それを生かすことで自尊心を支え自信をつけてあげることが大切です。障害のある子においては、できないことのほうにまず目が向き、子どもの良さや力が隠されてしまいがちです。特に発達障害の場合、そのような傾向があります。問題視されがちなことも見方を変えると強さや良さとして見ることができます。例えば自閉症のある子の場合、ことばを文字通りに受け取ってしまうことがありますが、それは素直さ、正直さと考えることもできるでしょう。また、こだわりも自閉症ではよく問題になりますが、ひとつのことに集中し極めようとする姿勢だと考えると、関心をもったことについてやがて専門家になる可能性を秘めているとも考えられます。物事の見方をネガティブからポジティブに変えることを「リフレーミング」といいますが、それは自閉症のある子の特性の理解に必要な視点の変更でもあります。

自閉症のある子への指導で、目標とするスキルを教える場合、見本を見せて練習し、その場面を録画して、振り返りをすることがあります。その際に、その子ができていない場面を見せてダメ出しをするのではなく、できている場面を見せてそれを誉めることが大切です。特に自分が他の子と違うことに気づき始め、自信をなくしかけている子にはダメ出しは二次障害のリスクを高めます。見たものを正確に受け入れやすい自閉症のある子どもたちにはビデオ映像は動かぬ証拠となります。その証拠に基づいてダメ出しされると心理的なダメージが大きくなります。定型発達スタイルとの些細な違いは大目に見て、基本的なことができていたらＯＫとする寛容さが大切です。それは私たちが外国の人とコミュニケーションをするとき、完璧な発音で話せなくても伝わればよいのと同じことです。細かい違いを問題視し、定型発達スタイルを身につけさせようとしすぎると過剰適応やカムフラージュするようになり、心の健康を損なうことがありますので注意が必要です。

共感性

自閉的共感性について先に紹介しました。自閉症のある人は同じタイプの人に共感するという仮説です。自閉症では共感性の乏しさが生じるといわれてきましたが、それは相手次第であることを示唆する知見といえます。この理論からは、自閉症のある子ども同士の小グループ活動が共感的な関係を築き、コミュニケーションを促進する可能性が開けてきます。また、支援においては、自閉症のある子たちが経験している世界を想像してみることも大切です。自閉症のある子どもたちにはこだわりがあり、マニアックな興味をもっていることが多いですが、それが共感関係を築く糸口になることがあります。鉄道や恐竜の話など、その子が興味をもっている話題に合わせてみましょう。自閉症のある子の趣味を生かし、話題の共有を促進する支援法については後に紹介します。

刺激の低減

自閉症のある子の感覚の特性については第1章で説明しました。視覚や聴覚などの過敏性が問題になります。過剰な刺激は不安につながり、落ち着いた学習や人との付き合いを妨げます。不安を和らげ集中力を高めるためには、物音、照明、色調、匂いなど環境の中の刺激を統制する必要があります。

周囲の音がうるさくて困っている子にはイヤーマフというヘッドフォンのような形の防音用ツールの使用が役立ちます。照明は明るすぎないことが大切で、光量の調整ができることが望ましいです。また、真っ白はまぶしすぎることが多いようで、白地に黒の文字は読みにくい子がいます。その場合、色付きの透明なシートを上にかぶせて明るさを調整することが役立ちます。

ただ、刺激の量だけが問題になるわけでなく、心の準備ができていないところで大きな音の不意打ちをされるのが苦手なのです。急に触られることも同様です。特に聴覚や触覚は予測なしに突然やって来ることの多い刺激の種類ですので、不意打ちにならないような配慮が大切です。

連携

自閉症のある子の支援では、保護者、教師や専門家が情報と支援の方針を共有することが重要です。また、地域社会との連携も大切です。地域の中に同じ特性をもつ子どもたちが集う余暇活動の場があると、先に述べたようにコミュニケーションが促進され、彼らなりのスタイルで社会性が育っていきます。また、そのようなグループは保護者同士のピアサポートの場にもなるでしょう。「サードプレイス」ともいいますが、家や学校の他に、リラックスして仲間と共に過ごせる場があると、子どもたちの心のエネルギー補充に役立ちます。

構造化

構造化はなぜ必要か？

構造化とは、情報があふれる環境を整え、重要なことがひと目でわかるようにすることです。一見、おぜん立てしすぎているように見えるかもしれません。しかし、そのような環境の整備をする理由は、子どもに自発的に動いてもらいたいためなのです。

自閉症のある子にとって物があふれた世界は混沌とし、不安に満ちたものになりがちです。何を目印にして判断し、行動したらよいのかわかりません。そのため、先生や大人の指示に従って動くことが多くなります。そのような状況が繰り返されると、子どもは受け身で指示待ちになってしまいます。

何をするかがひと目でわかる環境だと、子どもは指示がなくても行動しやすくなります。日常生活の例で考えてみましょう。公共の場所で物を捨てるとき、ゴミ箱がないか探します。すると、大きなカゴらしきものがありました。中に紙屑が入っています。たぶん、それはゴミ箱なのでしょう。捨てたいものはペットボトルです。そのカゴは燃えるゴミ専用なのかもしれないので、そこに捨ててよいものかわかりません。その横に、丸い穴のあいたボックスがあり、ペットボトルのイラストが描かれていたとします。ゴミ箱の横に置かれたボックス、丸い穴、ペットボトルのイラスト、それらが揃うと、そのボックスはペットボトル専用のゴミ箱であることがわかり、安心して捨てることができるでしょう。

空間を整える

構造化は空間と時間の観点から考えることができます。ひと言でいうと、空間を整えて、時間を見えるようにする、ということになるかと思います。中枢性統合の項で、ハワイの写真を一瞬見て、記憶でその絵を描いていただきました。皆さんはおそらく、建物と波打ち際と歩く人の形を描かれたことと思います。その風景でポイントになるものが無意識のうちに浮かび上がったのです。そのような情報の振るい分けを自動的に行うのが難しいのが自閉症です。しかし、それらの三点に注目して欲しいのなら、様々なものが背景に写り込んだ写真でなく、その三つだけをイラストで示してあげれば一目瞭然です。これは空間的な構造化の例になります。空間的な構造化を行うことは「視覚支援」でもあります。見ればわかるようにすることです。家庭や幼稚園などより、学校のほうが構造化されているといえます。教室には机が整然と並んでいて、自分の机が決まっています。ある意味で、自閉症のある子にとって学校の教室は他の場所に比べて見通しをもちやすい空間ともいえます。

時間を見えるようにする

物には輪郭がありますが、時間には輪郭がありません。時間を区切ることはなぜ必要なのでしょうか。それは集団で活動するためです。ひとつの活動に従事している人同士が協調して行動するためにはタイミングを合わせることが必要です。学校生活では、それぞれの子どもが好きなことを好きなときにすることはできません。朝の会、授業、休み時間、給食など、それを行う時間が決まっています。教室には時間割表もありますが、その点でも、他の場所に比べ構造化されているといえます。時間の単位はいくらでも細切れにできます。授業、休み時間、給食などもひとつの区切り方です。また、それぞれの活動の中での時間の流れがあります。それは時計を見ればわかることなのですが、子どもが特に気になるのは残り時間です。あとどのくらいで休めるか、などです。残り時間を色で表示するタイマーなどの支援ツールがありますが、それを使うと自閉症のある子の不安が和らぐことがあります。

次のイラストは構造化を行った指導場面の例です。教室の黒板の左側に予定カードが貼られ、矢印で今どの段階の活動を行っているかがわかるようになっています。右側には子どもの顔写真が貼られ、出席している子と欠席している子がわかるようになっています。また、その左横には、声の大きさをガイドする掲示物が貼られ、必要に応じて参照できるようになっています。そして、指導者はめくり式の手順表を見せ、これから行うことを具体的に示しています。今やっていること、これからやることなどがわかると安心して活動に取り組むことができます。

また、時間を伝えるときに大事なことは、何時何分までと正確に伝えることです。少しの間やってみて、といった曖昧な伝え方ではわかりません。それから、終わりを伝えるだけでなく、同時に次に行うことも伝えると見通しがもちやすくなります。「…これでお話を終わります」ではなく「…は終わります。次は○○です。では、始めましょう」という伝え方をすると、より見通しが得られます。

指導場面の構造化の例

板書の工夫

話すだけの授業では自閉症のある子はついていけません。視覚的な情報の提示が必要です。ＰＣやタブレット端末で情報を提示したり、電子教科書を使ったりすることも効果的ですが、最もシンプルな方法は板書です。余分な情報をカットし、大切な情報に注目しやすくすることが構造化の本質ですが、そのための様々な工夫が板書ではできます。その場で書き足したり、消したりできることも利点です。

まずは余計な情報がないか黒板の点検をします。古い掲示物などが貼ったままになっていないか、掲示物や以前に書かれたものが情報でなく風景のようになっていないか、ということです。板書では色を使ったり、線で囲んだり、囲んだもの同士を線でつなぎ、筋がわかるようにしたりといったことができます。「授業のユニバーサルデザイン」という考えが最近広く知られるようになりました。情報を取捨選択することが難しい自閉症のある子への配慮は、定型発達の子にとってもわかりやすい授業になることでしょう。ポイントをわかりやすく伝える配慮を心がけることによって、先生の授業力も間違いなくアップします。

ソーシャルストーリー

暗黙のルール

学校生活には様々なルールがありますが、それらの多くははっきりとは示されていません。決まった席に座る、チャイムが鳴ったら教室に戻る、先生が話しているときは話を聞く、授業中は挙手して指名されたら答えを言うことができる、等々。このような学校の暗黙のルールのことを「潜在的カリキュラム」といいます。それは取り立てて教えられることはありませんが子どもたちはわかっていて、ルールに従って行動します。しかし、自閉症のある子たちの場合、そのような暗黙のルールがよくわからないことがあります。

暗黙のルールの理解は先に説明した心の理論と関係します。心の理論とは相手の視点に立つこと、人の行動の背後にある意図を推測することなど、心の状態を推測する力のことです。例えば、授業中、先生が話すとき、先生は一人一人に呼びかけることはしませんが、みんなに話を聞いて欲しいと思っている、といったことがわかることも心の理論の働きによります。毎日の学校生活の中で、子どもたちは、この状況では先生はこういった行動を期待している、ということを察しますが、自閉症のある子では、それが簡単ではないのです。

ソーシャルストーリー

自閉症のある子にとってわかりにくいそのような暗黙のルールを教える教育技術として「ソーシャルストーリー」があります。米国の自閉症支援の専門家のグレイによって開発された支援技術で「その場にふさわしいやり方や物事のとらえ方、一般的な対応のしかたはどういうものかということをふまえて、状況や対応のしかたや場に応じた考え方を、特別に定義されたスタイルと文例によって説明する教育技術」と定義されています（文献

㉘）。先に挙げた問題に対応するソーシャルストーリーを作ってみましょう。

ソーシャルストーリー「先生が話をしているときには」

教室では、先生がみんなの前で話をします。勉強のことや次にやることの説明など、大事な話をします。

先生は話すときに、ぼくのほうを見ていることもあるし、見ていないこともあります。でも、ぼくのほうを見ていないときでも、先生はぼくにも話を聞いて欲しいと思っています。

先生の話を聞いていないと、勉強がわからなくなったり、次に何をするのかわからなくなったりすることがあります。そうすると、勉強がつまらなくなったり、やることがわからなくて困ったりしてしまうかもしれません。

ぼくは、先生が話をしているときは、先生がぼくのほうを見ていないときでも、先生の顔を見て話を聞くようにしてみようと思います。

ソーシャルストーリーの構成

ソーシャルストーリーは、事実文、見解文、指導文、肯定文などの種類の文からなります（文献㉘）。事実文ではできるだけ具体的で詳しく状況を記述します。このタイプの文はソーシャルストーリーにおいて必須の要素とされています。見解文はその場面で登場する人々の考えていることや感じていること、気持ち、動機などが書かれます。また、指導文ではその場面で行うことが望まれる行動が提案されます。「〇〇しません」のような否定的な表現はせず「〇〇してみようと思います」のように肯定的な表現をすることが勧められています。そして、肯定文では「〇〇するのはよい考えです」のように、その社会・文化で一般的に受け入れられている価値観が示されます。できるだけ指示的にせず、社会的な状況を客観的に示し、場面の理解ができるように援助することがポイントです。行動の仕方を教えることよりも、社会的な場面の理解を助け、不安を軽減させることに重点が置かれているのです。ストーリーは基本的に一人称の視点で、子ども自身が語っているかのように表現します。そして内容をシンプルに要約したタイトルがつけられます。

社会的な情報は自閉症のある子には、はっきり理解しやすい形で提供される必要があります。そのため口頭で伝えるのでなく、文字やイラストなどを用いて視覚的に示します。自閉症のある人にとって、視覚情報のほうが音声情報よりも受け取りやすくなります。文章を読める子は自分で読み、読むのが難しい子は先生や親が読んであげます。ソーシャルストーリーを実用的に活用できるようにするためには、子ども自身のニーズに基づいてストーリーを作成することが効果的なようです。問題解決への動機づけがあるからです。問題とされる行動が起こるときの子どもの状況の捉え方や気持ちを子ども自身から丁寧に聞き取り、それに基づきストーリーを作成することで、ストーリーを主体的、自発的に活用できるようになります。

中枢性統合の項で、自閉症のある人の、学校について勉強を習うところだと教わったのに、行ってみたら勉強以外のことがたくさんあって戸惑ったというエピソードを紹介しました。それだけの説明では足りないのです。ソーシャルストーリーは、社会的な情報を、それを求める人が必要な量だけ提供する手法でもあります。例えば、学校について、次のようなストーリーで説明することもできるでしょう（文献㉙）。

がっこうって、どんなところ？


がっこうは、たくさんのおともだちといっしょに　おべんきょうをするところです。

がっこうでは、おべんきょうをしたり、みんなといっしょにあそんだり、かかりのしごとをしたりして、たくさんのあたらしいことを　おぼえます。

がっこうのせんせいは、こどもたちが　いろんなことを　おぼえるための　おてつだいをしてくれます。

わたしのいくがっこうには、たくさんのきょうしつがあります。

きょうしつには、つくえといすが　たくさんならんでいます。

マジックやがようしも、たくさんおいてあります。

わたしのいくがっこうには、ほかにも　たくさんのものがおいてあります。

おべんきょうの　じかんわりひょうもあります。


（キャロル・グレイほか編著・安達潤監訳『マイソーシャルストーリーブック』スペクトラム出版社：p.139）

ことばの支援1 声の大きさ

声のレベルメーター

声の大きさを何段階かに分けて図示した支援ツールがあります。下の図のようなものです。

通常の学級でも黒板の上や横に貼ってあるのを見かけることがあります。声が大きすぎたり小さすぎたりする子どもが、場面に合った声を出すための目安として使われ、声のメーターとか声のものさしなどと呼ば

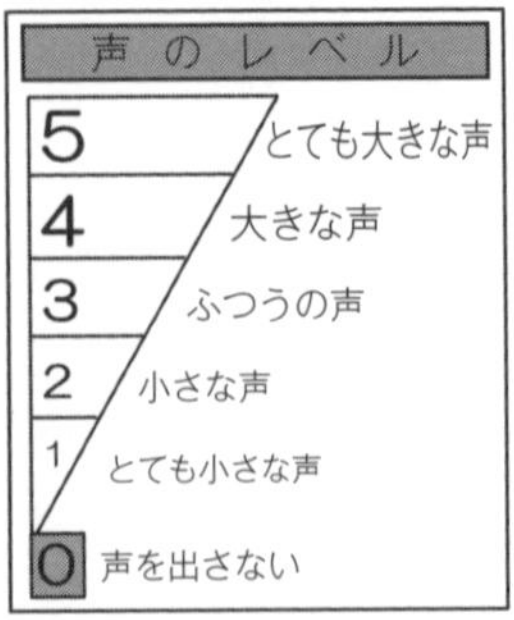

声のレベルメーター

れています。このように大きさの程度を段階で表すことには利点があります。大きな声で、小さな声で、少し大きな声で、といった指示は自閉症のある子には曖昧でわかりにくいからです。

声の大きさ、小ささが問題になるのは、そこにいる人たちとの関係においてです。遠くにいる人には大きな声でないと伝わりませんん。一方、すぐ近くにいる人に大きな声はうるさすぎます。私たちは、相手にわかりやすく、そして心地よく聴こえるように声の大きさの調整をしますが、心の理論の問題により、相手の立場に立って物事を想像することに困難を抱える自閉症のある子にはそれが難しくなると考えられます。相手に聴こえるようにとか、周りにうるさくないようにとか曖昧な言い方で指示されても、どうすればよいかわかりません。それに対して、声の大きさに区切りをつけ、段階で表すことで、相手や状況に依存しない客観的な基準が得られます。

タブレット端末などで使える騒音計アプリなどと組み合わせることで、実際の音声とメーターとの照らし合わせもできます。様々な大きさの声を出して騒音計アプリで測定します。そして、レベル1は何デシベルくらい、レベル2は何デシベルくらい、と対応づけます。そうすることで、様々なレベルの声を出して練習する際の目安が得られます。

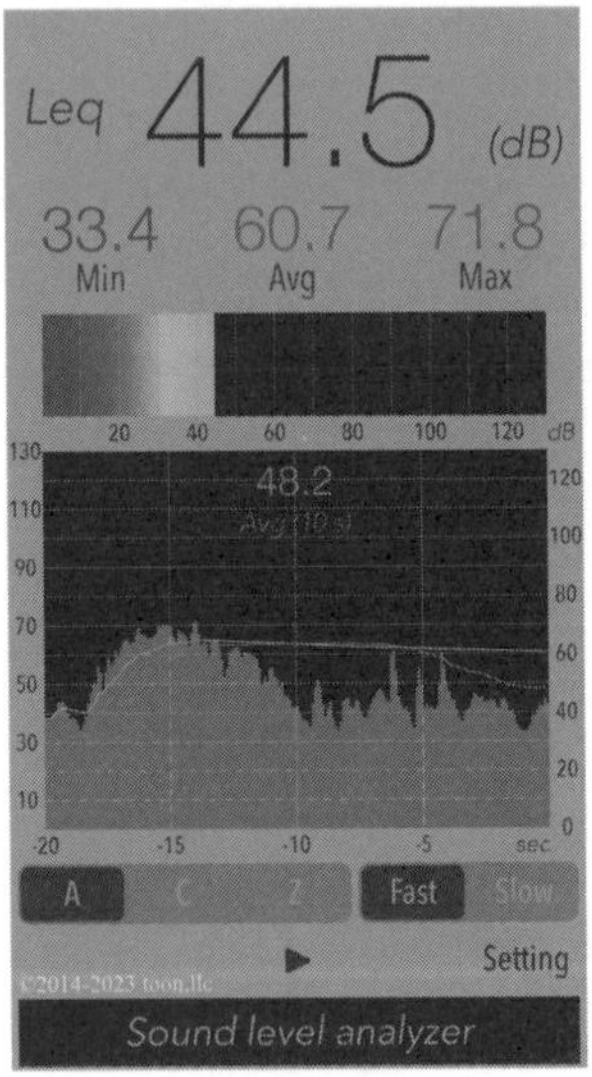

「Sound Level Analyzer Lite」
(TOON, LLC)
アプリ画面

ソーシャルスキル・トレーニング（SST）

声の大きさの練習の仕方について紹介します。ソーシャルスキル・トレーニング（SST）の手法を使います。SSTの基本的な構成は、「インストラクション」「モデリング」「リハーサル」「フィードバック」「般化」の五つです。インストラクションは教示のことで、目標とする行動の意義や行い方について具体的に説明します。声の大きさの場合、場面や相手に合わせた声の大きさが重要なことについて教えます。そして、いろいろな場面での声の大きさを考えます。クイズ形式にしてもよいでしょう。

次はモデリングです。モデリングとは見本を示すことです。先生がやって見せるのが基本ですが、様々な場面で話をしている映像などを見せるのもよいでしょう。場面によって声の大きさは変わることに気づいてもらうためです。映画やテレビドラマなどはよい教材になります。どのような場面で、どのような相手に対して、どのような目的で、どのくらいの声を出しているか、といったことを書き込めるワークシートを準備し、それに書き込みながら映像を見る課題を行うことができます。

リハーサルでは、実際に声を出してみる練習をロールプレイなどで行います。レベル3はふつうの会話時の声で、これが基本になります。レベル4は授業中に発表するとき、レベル5は運動会で応援するときなどです。そして、レベル2は例えば保健室の中で寝ている子の近くで先生に話すとき、レベル1は内緒話をするときなどです。レベル0も設定します。声を出してはいけないときです。また、同じ挨拶でも、教室と校庭では、声の大きさが違うことがあるので、状況によって変える必要があることも教えます。

リハーサルの後のフィードバックも大切です。子どもがしたことに対し、コメントすることです。通常は、できたこと、できなかったこと、目標通りにできなかったことについてはどこに問題があったかを伝えるのですが、自閉症のある子にはポジティブなフィードバック、つまりできなかったことでなくできたことを伝えるのがよいとされています。

般化の問題

SSTのもうひとつの重要な要素は般化です。これは特定の場面で学んだことが他の場面でもできるようになることです。自閉症のある子にとって般化が一番の難関です。習ったことをいろいろな場面で実際に使うことに気持ちが向きにくいのです。ある自閉症のある子は、SSTのグループで学んだことが上手にできてその場で誉められました。そこで指導者が、学校でもやってみてねと言ったところ、その子は、「え？　学校でもしないといけないの?」と不思議そうに返事をしました。そのように自分から使おうという気持ちが起こりにくいようです。そこで促しが必要になります。教室の中なら、声の大きさの調節が必要な場面で「今、レベルいくつの声かな?」とか「3の声で」など、その子にだけ聴こえる声でさりげなく耳打ちするといったことなどができるでしょう。

そのように必要な場面で習ったことをやってみるよう促すことが般化につながり、大切ではありますが、一方で、あらゆる機会を捉えて練習させすぎるのもどうかと思います。それは学校で英語を習った後、いつでもどこでも英語だけで話しなさいと強いられるようなものです。自閉症のある子はそれぞれのコミュニケーション・スタイルをもっており、それは尊重されるべきです。定型発達のスタイルにいつでも百パーセント合わせるのでなく、社会生活においては声の大きさのコントロールが必要な場面があることを知り、しようと思えばできるだけのスキルを獲得し、それを引き出しにもっておくことが大切です。日本語をふだん話す人にとっては、いつでも英語で話すことでなく、必要なときに必要なことだけ英語で話せればそれで十分ということと同じです。

ことばの支援2
会話

会話の練習

会話の問題が自閉症のある人たちに様々な形でみられます。会話における課題に対してもSSTで指導することができます。会話指導のテーマとポイントを次に挙げます。これらはいずれも会話の基本的な作法です。作法に反する不適切な例を対比させるとわかりやすくなるでしょう。二人一組で行います。

①話を聞く　【標的行動】相手のほうを見る。相槌を打つなどのリアクションをする。
【場面設定】相手が話しかける。

【発話の見本】「うんうん」「なるほど」
【不適切な例】相手を見ない。反応しない。

②話を始める
【標的行動】相手の名前を呼び、相手がこちらを見たら話し始める。
【場面設定】相手は後ろを向いている。
【発話の見本】「ねえねえ、○○くん」
【不適切な例】相手の様子にかかわらず、いきなり話す。

③交互に話す
【標的行動】話を終えたら間を置く。相手が話し始めたら話を聞く。
【場面設定】相手は話したそうな表情をしながら聞いている。
【不適切な例】一方的に話し続ける。相手が話している途中で割り込む。

④聞き返す
【標的行動】相手の話がわからないときに聞き返しをする。
【場面設定】わざと聞き取れない話し方をする。
【発話の見本】「え、何？」「もう一度言って」
【不適切な例】わからなくても、わかったふりをして頷く。

このうち、交互に話すことについては聞き手と話し手の役割交代がわかりにくいのですが、糸電話などを使うと、聞き手と話し手が視覚的にわかりやすくなり、また遊び的な要素が加わるため楽しく取り組むことができるでしょう。

会話を続ける

ＳＳＴでできるのは会話の基本的な作法の部分です。自閉症のある子の会話で問題になることのひとつとして、話題を維持し、発展させることがあります。しかし、このことについては形式的なトレーニングで力を伸ばすことには限界があります。話題に興味・関心がないと話は続かないからです。とりわけ自閉症のある子の場合、興味・関心が独特なことが多いため、ありふれた話題の設定では動機づけられないことが多いのです。自閉症のある子の興味・関心を生かした会話の支援法については後に紹介します。

会話を成功させるための配慮

子どもに対する会話スキルを獲得させるための指導だけでなく、大人の側の配慮も重要です。うまくかみあわない会話を立て直すための対処・解決の方法として六つの方略があります（文献㉚）。これは会話に問題を抱える子どもに対する合理的配慮として使える方法です。以下にそれを紹介します。傍線部が支援の例です。

❶詳しく言い直す

【例】

A：〇〇観た？

B：〇〇…？

A：〇〇っていうテレビを昨日やっていたんだけど、観た？

❷説明を求める

【例】

A：この漫画知ってる？

B：この漫画は危険。

A：危険ってどういうこと？

❸聞き返す

【例】

A：日曜日は何していた？

B：車。

A：車？

B：車でお出かけした。

❹発話の意図を推論して返す

【例】

A：君は辛いカレーでも平気な人？

B：いつもお父さん作るの辛口だから。

A：つまり、慣れているってこと？

❺話題の対象への注意を促す

【例】

A：これ見て。

B：…

A：（見て欲しいものを示しながら）これ見て？

❻そのときの気持ちや考えを言葉にする

【例】

A：この問題わかる？

B：えー！　どうしよう。どうしよう。

A：難しくて困ったね。

ことばの支援3
意図の理解

会話を通訳する

自閉症のある子は、ことばをそのまま文字通りに受け取り、ことばの背後にある意図を察することに難しさを抱えています。先に例で挙げましたが、電話で「お母さんいる？」と聞くと、「うん、いるよ」と答えてくれるのですが、代わってくれません。この発話は表面上は質問なのですが、お母さんがいたら代わって欲しいという依頼の意図を含んでいます。このような表現の仕方を間接依頼などといいます。「お母さんがいたら電話を代わってください」と言うとより正確な表現になるのですが、定型発達の子にはたいていの場合「お母さんいる？」だけで伝わります。私たちの日常のコミュニケーションはコスパの原理に支配されています。つまり、意図が伝わるなら、短く言うほうが楽で効率的です。

また、エアコンのある部屋で、エアコンのスイッチの近くにいる人が離れている人から「寒くない？」と尋ねられると、スイッチを入れて欲しいと受け取るでしょう。これも間接依頼の一種です。この例の場合、「エアコンのスイッチを入れて！」と頼めば、よりストレートに伝わりますが、なぜわざわざ回りくどく言うかというと、指示・命令された印象を相手に与えないためです。スイッチを入れて欲しいと受け取るかどうかは受け手次第で、その意図がわかったとしてもあえて「そうかなあ」と言って受け流すこともできます。そのように、相手を尊重し、負担を与えないため婉曲に言うのです。

そのような会話の暗黙のルールを定型発達の子は特に教えられなくてもわかっていますが、自閉症のある子は直観的にわかりにくいため、教えることが必要になります。会話の暗黙のルールについては藤野博・綿貫愛子著『絵でわかる　なぜなぜ会話ルールブック』（合同出版）に子ども向けの解説がありますのでご参照ください。

コミュニケーションを見えるようにする

コミュニケーションのすれ違いが起こった状況において、その場面で生じているお互いの理解の齟齬を絵に描きながら解き明かし、問題解決の方法を考えることを目的とする「コミック会話」と呼ばれる支援法があります（文献㉛）。絵と吹き出しを使ってコミュニケーション場面を振り返り、自分の発言が相手の心に与えた影響を理解することを助けます。目に見えない心の状態を見える化することがポイントです。

問題が起こっている状況を絵に描きながら、だれが何をしているか、何と言ったか、そのときにどう思っているか、などを支援者は子どもに問いかけます。漫画のように絵と吹き出しを使って表現しながら、相手の発言や行動の背景にどんな意図があったかを先生と一緒に考えます。子どもが相手の考えや気持ちを想像するのが困難な場合、「たぶん○○さんは、○○と考えていたんじゃないかな」などと案を示します。

電話の例なら、人の絵を描き、「おかあさんいる？」というセリフを吹き出しに書き込みます。そして、頭の上に雲の形の吹き出しを描き、「おかあさんがいたら、でんわをかわってほしいな」と、心の中で思っていることを文にして、吹き出しに書き込みます。

コミック会話の例

コミック会話は対人トラブルが起こったときによく使われます。例えば、集団で工作をしている場面で、Aくんがひとつしかないハサミを使っていました。まだ作業中ですがハサミをちょっと置いた瞬間にBくんがそれを取ってしまいました。Aくんは怒ってケンカになってしまいました。このような状況でコミック会話を使った指導ができます。その状況を描き、Bくんの頭から浮かんでいる雲の吹き出しの中に「ハサミ使いたいな」というセリフを書きます。そして、Aくんの頭から浮かんでいる雲の吹き出しの中に「まだ使っているのにな」と書き、口から出る吹き出しにAくんが発した怒りのことばを書きます。

コミック会話は相手の気持ちに気づかせる支援法として効果がありますが、使用にあたり配慮も必要です。問題が起こったときだけこれを行うと、失敗ばかりに直面させることになってしまうからです。それが積み重なると、この支援法が嫌いになり、自尊心が傷つけられます。良いエピソード、誉められるエピソードでも使うとよいでしょう。例えば、隣の席の子が定規を忘れたときに貸してあげたとします。そのときの貸してもらった子の気持ちを絵と文で表します。その子の行為によって相手が嬉しい気持ちになるようなエピソードがよいでしょう。自閉症のある子の支援においては自尊心への配慮が常に重要です。

教室での配慮

コミック会話は特別な支援法で、主に個別の指導場面で使われます。担任の先生の立場だと、専門的な支援は難しいかもしれません。しかし、合理的配慮として話しかけ方の工夫をすることはできるでしょう。例えば、先に挙げた例の場合「お母さんいる?」でなく「お母さんがいたら電話を代わってください」と具体的に伝えることです。このようなことばの表現のちょっとした配慮なら、毎日の学級活動の中で、過度な負担なく行うことができると思われます。

それは一種の通訳ともいえるでしょう。ポイントは意味の隙間を作らないことです。先の例だと、通常は次のような推論をします。電話をかけてくるということは、何か連絡があるのだろう。連絡をしたい相手が自分なら要件を自分に話すはずだが、母の在宅を確認したということは連絡したい相手は母なのだろう。「お母さんいる?」という文の隙間をそのような推論が埋めているわけです。自閉症のある子には意味の隙間がどこにあるかを考え、それを埋めるような支援が役立ちます。

ことばの支援4
枠組みと視覚情報の活用

選択肢の設定

自閉症のある子はオープン・クエスチョンを苦手としています。「なぜ?」「どんな?」という問いに答えることは特に難しいようです。それに対して、選択肢から選んだり、空白部に語句を入れたりするような課題では解きやすくなります。先に赤や青の三角形が動くアニメーション課題を見せ、話を作ってもらう課題の例を紹介しました。このアニメーションを見て、ある自閉症のある子は次のような話を作りました。

「しかくの　なかから　さんかく　でた」

次に、アニメーションを分割し、場面毎に下図のような選択肢を設定し、語句を選んで文を作ってもらいました。すると、その子は次のような文章を作ることができました。

「おおきい　さんかく　と　ちいさい　さんかく　は　そとにむかった。ところが　ちいさい　さんかく　は　こわがった。すると　おおきい　さんかく　が　しんぱいした。すると　おおきいさんかく　は　いえに　はいって　ちいさい　さんかく　を　はげました。そして　おおきい　さんかく　が　ちいさい　さんかくを　つんつん　おした。そして　ちいさい　さんかく　が　ゆっくりと　そとへ　すすんだ。それから　ちいさい　さんかくは　おおきい　さんかく　と　うれしそうに　かいてんした」

自由回答では内容が乏しいひとつの文だけでの表現でしたが、選択回答では、アニメーションの内容があますところなく表現されて

①	②	③	④	⑤	⑥	⑦	⑧
そして	ちいさい さんかく	は	とまった	そして	おおきい さんかく	は	まわった
それから	あおい さんかく	が	でなかった	それから	あかい さんかく	が	もどった
それで	こども		すこし うごいた	それで	おかあさん		ふりむいた
しかし			こわがった	すると			しんぱいした
ところが			さからった	だから			おこった

図　選択肢の設定

います。そして特に注目されるのは、「しんぱいした」とか「はげましした」とか「うれしそうに」などの心の表現が盛り込まれていることです。このように、自閉症のある子でも枠組みがあり語句を選ぶ形式ならば、心情も含んだ文章を書くことができるのです。

写真で文を作る

写真や絵を使った作文の支援方法もあります。簡単にいうと写真や絵で文を作る方法です。何もないところから、まずテーマを考え、次に筋を考え、そして語句を思い出して文を作り、筋に沿って文章化していくという作業を頭の中だけですることは、とても認知的な負荷がかかります。作文指導の目標を文章の内容を構成することに置くのであれば、プロットの組み立てだけに集中できるようにすると効果的です。ことばだけでそれを行う必要はありません。視覚化することで余計な認知の負荷が軽減できます。例えば、次のようにします。

夏休みの思い出が課題になった場合、作文に書きたいイベントを決め、その写真を持ってもらいます。最初に写真を机の上に広げます。そして、その中から取り上げたい写真を選んでもらいます。写真を選んだら、その写真を書きたい順に並べてもらいます。それから、順番に並べた写真を見ながら文を考えてもらいます。感情の表現などは、感情語を書いたカードを別に提示し、その中から適した言葉を選んでもらうこともできます。写真の選択は中枢性統合への、配列は実行機能へのサポートに相当します。そして感情語の選択は心の理論へのサポートです。

これは作文支援の一例ですが、写真、絵、文字などの視覚素材を、情報を選んで構成するためのサポートツールとして活用する方法は他の学習にも応用できるでしょう。

ＫＪ法の応用

この方法の発展型としてＫＪ法の手続きも応用できるでしょう。ＫＪ法とは散らばった情報を整理して概念やストーリーを導き出す研究の方法です（文献㉜）。フィールドワークで収集したデータの分析に使われますが、研修で行われるグループワークなどでもよく使われています。アイデアをカードや付箋などに短い文で書き、それを机の上に並べたり、ホワイトボードに貼ったりして、同じ種類のアイデアを線で囲んでグループ化し、グループ間の関係を、矢印を引くなどして示しながら、情報を構造化していきます。これと同じように、カードや短冊などに思いついたアイデアを語句や短い文で書き、それを机上に広げて、書きたい順に並べていきます。そして、順序を入れ替えるなどしながら、全体の筋の原案を作ります。最後に、並べられたカ

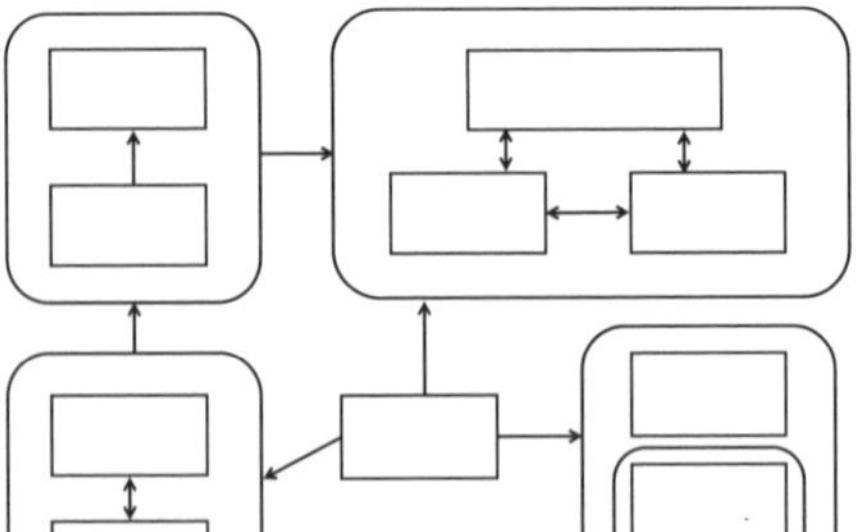

ＫＪ法

ードを見ながら、表現を整え、ひとつながりの文章にまとめていきます。

思考を整理するために使われる「マインドマップ」やその他のパソコンやタブレット端末のアプリも作文の支援に利用できます。これもアイデアや情報を視覚化することで考えを筋立てし、文章表現を生成する方法といえます。キーボード入力のほうが字を書くより得意な子にはとても向いた方法です。自閉症があり通常の学習スタイルでは学校で苦戦している子どもたちも、彼らの認知や言語のスタイルに合ったやり方でなら、無理なく楽しく学習に取り組める可能性が開けます。

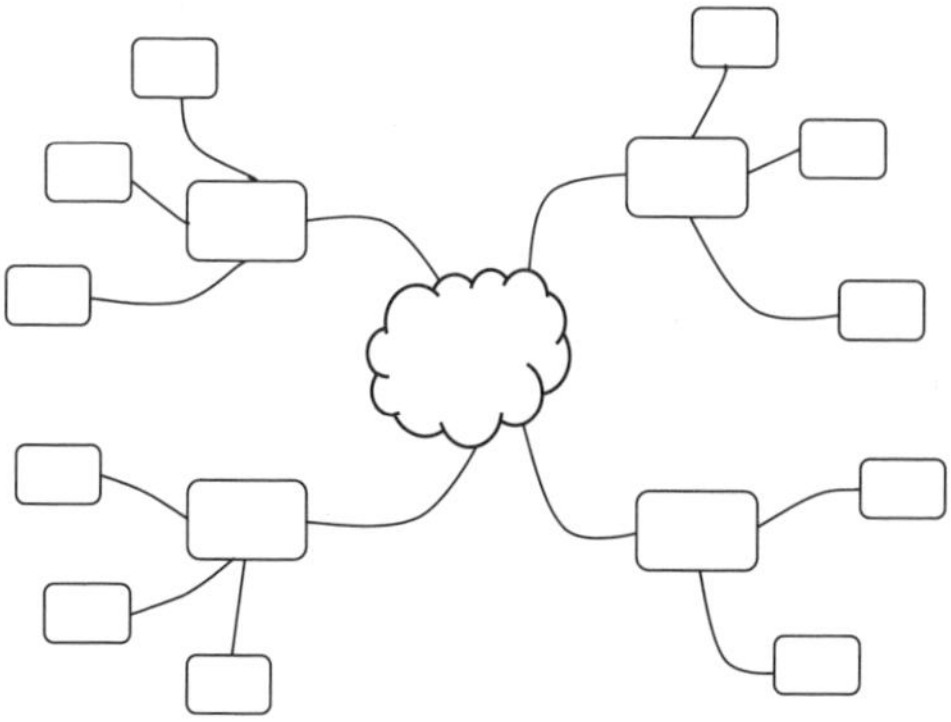
マインドマップ

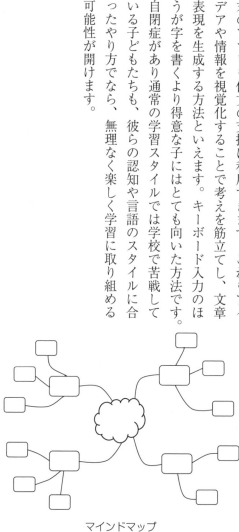

感情理解の支援

表情の仕組み

自閉症のある子の特徴として、相手や自分の感情に気づきにくいことがあります。感情を理解する際に最も活用される情報は表情です。皮肉など、言っていることと表情が一致しない場合、ことばよりも表情を優先して感情の理解がなされます。例えば、子どもの散らかっている部屋を見たお母さんが怒った顔で「きれいな部屋だね」などと言う場合です。しかし、自閉症のある子はそのような場合に、お母さんが怒っていることに気づかず、ことばをそのまま受け取ってしまったりします。

顔の表情の理解は、感情に関係する顔の部分をまず教えます。目と眉毛と口です。その三つのパーツがいずれもフラットな場合、ニュートラルな感情です（上）。眉毛の両端が下がっていて、口がへの字になっている場合、悲しい、へこんでいるなどネガティブな感情です（中）。口の両端が上がり、目と眉毛が弧を描いている場合、楽しい、嬉しいなどポジティブな感情です（下）。

写真を使ったほうがリアルなのですが、写真の場合、情報量が多すぎて表情のポイントを抜き出すことが難しくなります。細部への過度な注目傾向である中枢性統合の弱さが影

響してしまうのです。また、動画はそれに動きが加わりますので、さらに情報量が増え、もっと難しくなります。イラストは感情を見分けるポイントが簡潔に線描されていますので、わかりやすくなります。これも一種の情報の構造化といえるでしょう。表情イラスト集は様々なものが市販されていますし、無料のものもインターネットで入手できますので、必要に応じて活用するとよいでしょう。

表情イラストを使って感情理解のポイントを教えた後に、そのカードを使って、カルタや神経衰弱などで遊ぶこともできます。「嬉しい」「悲しい」などの語句を言い、それに合った絵を選んでもらいます。神経衰弱は同じ表情の絵を探します。これは表情のパターンを意識したり記憶したりするのに役立ちます。表情理解の練習は、リアルな場面でいきなり取り組むよりも、カルタや神経衰弱などのゲームで遊びとして行うほうが入っていきやすいでしょう。失敗を恐れずに気楽にできるからです。通常の学級で行う場合、特にそのことがいえます。定型発達の子にとって基本的な表情の理解は努力せずともできるものであり、それが苦手な自閉症のある子との差がはっきり現れてしまうからです。リアルな場面では、失敗が不安感や自信の喪失につながりやすいのです。

表情と感情を結びつける

次のステップは、表情はどんな働きをしているかを教えることです。「おはようございます」「こんにちは」などの挨拶の際に、笑顔を相手に向けると、相手は好感をもつでしょう。表情がないとあまり良い印象を与えません。好感をもたれたほうが、その後に良いことが起こる可能性が高まります。これはソーシャルスキルの基本でもあります。

感情の変化は具体的な状況の中で起こりますので、ストーリーのある漫画や映画などを使った指導も有効です。特に漫画はイラストと同様、形がシンプルですので、特徴を捉えやすい利点があります。また、動画のように時間とともに流れていきませんので、感情の動きを理解する時間も与えられます。また、こんな気持ちのときに、たいていの人はこういうことをするという行動の見本が示されます。相手の隠れた気持ちを理解するのにコミック会話が効果的なことを先に紹介しましたが、漫画を読むことはそれと同じ効果があります。

場面を示し、そのときの登場人物の気持ちを推理する課題もあります。次のように場面の提示と質問をします。

【場面1】

ヒヨリさんはチョコレートが大好きです。そのことはお母さんも知っています。ヒヨリさんのお母さんが買い物に出かけるときに「お菓子を買ってくるよ」と言いました。お母さんが帰ってきました。

【質問1】

ヒヨリさんは今どんな気持ちですか？　それはどうしてですか？

【場面2】

お母さんが買ったものをバッグから出しました。買ってきたお菓子はクッキーでした。

【質問2】

ヒヨリさんは今どんな気持ちですか？　それはどうしてですか？

これはとても簡単な設問の例ですが、子どもの理解のレベルに応じて状況や感情の種類を難しくしていきます。

感情の理解を深める

表情と感情の関係を学んだ後は、ことばを通して様々な感情の種類やパターンを学ぶことができます。感情を表す語彙はたくさんあります。しかし、複雑な感情になるほど場面から切り離してそれだけで教えることは容易ではありません。試験勉強で使う単語帳の形式で学習することの限界です。語彙を増やしていくのに最も効果があるのは、何といっても読書です。ことばでの感情表現を深く学ぶためには小説や物語を読むことが勧められます。

ことばの能力が高く、心の理論が発達した自閉症のある人の中には、心の描写が中心になった小説などを好んで読む人がいます。複雑な心の理論を獲得した自閉症のある子は定型発達の子よりも心を扱った作品に強い興味を示すこともあります。読書は人の感情を理解するための窓口になります。

感情のコントロール

感情の不安定さ

自閉症のある子は、気持ちがたかぶって興奮したり不安が高まったりしがちで、安定した感情の状態で生活することに困難を抱えています。その要因は、自閉症のある子の脳の特徴と環境の問題に大きく分けられます。まず、脳の特徴として、興奮状態になる閾値が低いことがあります。これは感覚の問題とも関係します。そして、感覚の問題を引き起こす周囲の刺激が問題になります。音がうるさすぎて我慢できなくなるなどです。定型発達の子には気にならない音でも自閉症のある子は気になって仕方がないことがあります。また、いったん興奮状態に陥った感情を元に戻すことも簡単ではありません。定型発達の子より時間がかかります。

自閉症のある子は変化に弱く同じ状態を保とうとしますが、これは興奮や不安な状態に陥ることを避けるための本能的な反応であるとも考えられます。手を目の前でひらひらさせたりすることがありますが、これも、自分のコントロール下で感覚刺激を与えることによって気持ちの安定を保とうとしていると考えられます。

感情が不安定になると学校生活に様々な影響が生じます。まず、落ち着いて勉強することが難しくなります。そして、他児と交流する気持ちの余裕がなくなり、少しのことでトラブルを起こしやすくなります。興奮や不安をなくすために学校でまずできることは、教室環境に余計な刺激がないかどうかの点検です。水槽のエアーポンプの振動音など、だれも気づかない意外なところに自閉症のある子にとって不快な刺激があったりします。

支援ツールの活用

感情の状態をメーターや温度計などで表す支援ツールがあります。先に紹介した声のレベルメーターと同じように、何段階かで感情の状態を表示するものです。次のようなものです。

これは「きもちメーター」と名づけたツールですが、気分の状態を五つの段階に分け、色分けをしています。中央が緑色でニュートラルな気分です。ひとつ上はオレンジ色で、やや気分が高揚しています。一番上は赤色で、とても気分がたかぶり興奮した状態です。中央の緑色よりひとつ下は水色で、ちょっと落ち込んだ気分です。一番下は青色で、不安や心配で沈み込んだ気分です。人の気分に境目はありません。心の状態を捉えることに困難を抱える自閉症のある子に自分の気分を振り

	いま、どんなきもち？	こうするといいよ
あか	だいこうふん ばくはつしそう きれそう	しんこきゅうしてみよう 目をつぶって10かぞえてみよう
おれんじ	ちょうしいい ワクワク	このちょうしで
みどり	ちょうどいい ゆったり リラックス	このままで
みずいろ	げんきない ちょっとしずんでる もやもや	かたを 3回 まわしてみよう
あお	さいあく なにもしたくない どよーん	先生にたすけてもらおう 「きゅうけいしたいです」

「きもちメーター」ツール

返るよう求めてもそれは難しい要求です。しかし、このように区切り、それを手がかりにできるようサポートすると振り返りがしやすくなります。きもちメーターは、声のレベルメーターのような同様の形式をもち自閉症のある子がわかりやすいツールから始め、それに慣れてから導入するとよいでしょう。

右側には、それぞれの気分の状態のときに勧められる行動の見本が示されています。緑の気分のときはそのままでOKです。オレンジの気分のときも好調ですので、そのままです。赤の気分のときは、ちょっと立ち止まり深呼吸するなどします。反対に、水色の気分のときは軽く体を動かすなどリフレッシュします。そして、青の気分で、自分ではどうしようもないときは、先生に話して別室で休ませてもらったりします。

きもちメーターは個別に使うこともできますが、クラス全体で使うのもよいでしょう。例えば、朝の会や帰りの会のときに自分の気持ちを振り返る時間を作ります。担任の先生自身も児童生徒と共に行うとよいと思います。また、気分の上がり下がりの変化をグラフで示すこともできます。感情の状態を定点観測することで、気分は変化すること、最悪な気分のときがあっても時間が経つと平常な状態や良い状態に戻すことができることなどがわかります。それによって自分の回復する力を実感できます。朝は気持ちが落ち込んでいたけれど、今は気分が良くなった。時間が解決することがあるのだなという認識が得られます。

感情のコントロールに関する支援で重要なことは、このようなツールを使っても感情をコントロールするのはそう簡単ではないことを先生や親が知ることです。特にそこに大きな課題のある自閉症のある子にはそのことがいえます。自分の感情と折り合えるようになるには長い時間がかかります。子どもにすぐに結果を求めすぎると、それがうまくできない自分を責めたり自信をなくしてしまったりします。先生も一緒にするとよいことを述べましたが、それは感情のコントロールは大人でもそう簡単ではないことを見せるためです。

息抜きと気分の切り替え

感情のコントロールについて述べてきましたが、最初からコントロールを意識しすぎると荷が重くなります。最初は息抜き、気分転換くらいの感じで、気楽に取り組むのがよいでしょう。深呼吸やストレッチなどは簡単にできてそれなりに効果もあります。気持ちが爆発しそうなときは目を閉じて十秒数える方法もあります。ネガティブな気分に落ち込む手前で、ちょっとブレイクタイムを置くことがポイントです。子ども一人一人それぞれ、リラックスの方法は異なります。その子に向いた簡単にできる方法を一緒に探しましょう。最初に先生が自分のリラックス法を教えてあげるのもよいでしょう。

気分を切り替えるためのおまじないのことば「マジックワード」をもっておくのもお勧めです。「急がば回れ」「失敗は成功の母」のようなおなじみのフレーズでもよいですし、「これでいいのだ」のような漫画のセリフでもよいでしょう。好きな歌の歌詞の一節などもよいと思います。気持ちをクールダウンさせたり、アップさせたりする力のあることばです。ことばには人の感情や行動を調整する力があることはよく知られた心理学の知見です。これもリラックス法と同じく、まず先生が自分のマジックワードを紹介し、それをどのような場面で使っているか、どのような効果があるかを教えるとよいでしょう。

考えを整理する

問題解決の過程

自閉症のある子は急に解決しなければならない問題に直面したときに思考停止状態になってしまうことがあります。それは実行機能のプランニングの問題が関係していると考えられます。問題解決とプランニングについて身近な例で考えてみましょう。

例えば、今日の夕食は何を作るかという問題があったとします。あり合わせのものを使って済ませようと思います。そして、まず冷蔵庫に何があったかを思い出します。肉と玉ねぎとニンジンとじゃがいもがあったはずです。その材料で作れるものを考えてみると、まずカレーが思い浮かびます。それから、肉じゃがも作れるでしょう。二択の状況ですが、ちょうどカレールーがあることを思い出してカレーに決定します。そのようなことをさほど苦労せずに考え、夕食問題の解決に至ります。

この例の場合、問題というにはちょっと大げさですが、こういったことは毎日の生活の中でふつうにあることです。問題解決のために必要なことは、まず問題が何であるかをはっきりさせて状況を把握することです。先の例だと、夕食のメニューを決めることが問題で、家にある材料を使うという条件の中でその解決策を考えます。次のステップは条件の分析です。使える材料を確かめると、肉、玉ねぎ、ニンジン、じゃがいもがありました。次は、その材料で作れる料理の候補を挙げることで、カレーと肉じゃがが挙がりました。最後は候補のうちどれを採用するかの決定です。それぞれを作った場合の結果を予測します。カレーは家族みんな好きでしばらく作っていませんでした。昨日は煮物だったので肉じゃがだと傾向がかぶります。カレーならば子どもも喜ぶでしょう。そういったことを総合して判断するとカレーに決定、となります。

問題解決の支援

そのような問題解決に必要な心の働きは実行機能です。実行機能については先に説明しましたが、目標を頭に置きながら、その達成に必要な情報を頭の中で操作し、解決のための計画を立てることです。そして自閉症のある子は実行機能に困難を抱えています。それらの操作を頭の中だけで行おうとすると情報処理が追いつきません。ここでも構造化と視覚支援が役立ちます。紙に書いて情報を整理していくのです。例を挙げて説明します。

Aくんは、授業中でも話がしたくなると、気持ちを抑えることができず声を出してしまいます。それをしてはいけないことは自分でもわかっていて何とかしたいと思っています。そこで、Aくんと話し合い、一緒に解決策を考えました。紙に案を書き出し、それぞれの案を点検していきます。

まず、解決すべき問題を定めます。「授業中、話したくなると、声が出てしまう」とAくんは書きました。次に、どうしたらそれをやめられるか案を出し合いました。どんな案でもすぐに却下せず、リストアップしていきます。Aくんから最初に出たのは「口にチャックをする」でした。次に挙がったのは「手を挙げる」でした。それから「そのまま話したいことを話す」、そして最後に「声のレベルを0にして心の中だけで話す」が先生のアイデアで挙がりました。次に結果の予測をします。「口にチャックをする」のは現実にはできません。冗談として言ったのでしょうが、そういったユーモアも支援を重苦しいものにしないためには大切です。「手を挙げる」のは現実的な策ですが、手を挙げて話すことができるのは先生が授業に関係することを質問して当てられたときだけです。好きなときに話すことの解決策としてはあまり適切ではありません。「声のレベルを0にして心の中だけで話す」は、声のレベルメーターで練習してすでになじんでいることもあり、効果が期待できそうです。そこで、声のレベル0の案に決定しました。

この方法の良いところは、なすべきことを先生が一方的に考えて子どもにそれをさせるという形を取らず、何をするかは子どもが主体的に決めるということです。自分で考え、自分で決めたという実感が大切です。そして、行動を決定し実行に至るまでの情報を整理するところを先生や支援者はサポートします。

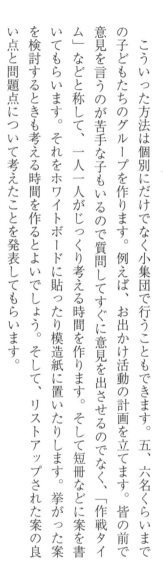

クラス全体での取り組み

こういった方法は個別にだけでなく小集団で行うこともできます。五、六名くらいまでの子どもたちのグループを作ります。皆の前で意見を言うのが苦手な子もいるので質問してすぐに意見を出させるのでなく、「作戦タイム」などと称して、一人一人がじっくり考える時間を作ります。そして短冊などに案を書いてもらいます。それをホワイトボードに貼ったり模造紙に置いたりします。挙がった案を検討するときも考える時間を作るとよいでしょう。そして、リストアップされた案の良い点と問題点について考えたことを発表してもらいます。

案を出して話し合う際に、口頭だけで行うのでなくホワイトボードや模造紙などで視覚化することは有効ですが、情報やアイデアをシェアするのに、オンラインの会議システムを使えると効果的です。コロナ禍でのオンライン授業などを通し、子どもたちはそういった会議システムになじんでいると思われます。このような会議システムの利点は、コンピュータ上に設定したバーチャル・ホワイトボードをシェアし、子どもたちがそれぞれ自分の案を書き込み、他児とアイデアや意見を共有できることです。口頭での発表に苦手さを感じる子は自閉症だけでなく定型発達の子にもいるでしょう。口頭だと発言力の強い子がどうしても優位に立ちがちです。オンライン会議システムを使うと、意見表明のハードルがぐっと下がり、どの子にとっても参加しやすくなります。

共同で問題解決に取り組む経験は、子どもたちが視点や考え方の多様性を知ることにも役立つでしょう。また、自分の意見が通らなくてもそれを受け入れることにもつながっていくと思われます。案を検討する際に大切なことは、すべての案を同じ重みで扱い、それぞれ案の良い点をきちんと取り上げ、適正な評価をすることです。そのうえで問題点はマイナス・ポイントとしてだけでなく、チャレンジの大きさとしてポジティブにも見ます。

援助要請

助けを求めるスキル

学校や社会生活の中で、やらねばならないことができないときやわからないときに必要なことは、相談したり、援助を求めたりできることです。それを行う力を援助要請スキルといいます。自閉症のある子の場合、最も重要なソーシャルスキルといってもよいでしょう。しかし、自閉症のある子にとっては難度が高いスキルでもあります。援助要請は、自分を振り返り、できないことを認識し、助けて欲しいことを伝えることからなっていますが、それらは自閉症のある子にとって簡単ではないからです。

人にものを頼むときにはそれなりの作法があります。また、相手や状況に応じた頼み方があります。先に述べた丁寧さの調節に関するポライトネス理論はそういったことを説明するものです。援助要請の基本はして欲しいことをことばで伝えることです。「教えてください」「手伝ってください」「一緒にやってください」などです。そのように、基本的には丁寧な言い方で頼むのが基本です。

しかし、時と場合によって、ふさわしい表現の仕方は変わります。できるだけ丁寧な言い方で頼んだほうがよい状況は、相手にかける負担が大きいとき、あまり親しくない相手に頼むとき、目上の人に頼むときなどです。反対に相手にかける負担が小さいとき、親しい相手に頼むときなどには、ざっくばらんで気楽な言い方をするのが自然です。ですが、そのように、状況によって言い方を変えることは自閉症のある子にとって難しいことです。ただ、どんな状況でも丁寧に言って悪いことはありません。それだけできれば十分ともいえます。自閉症のある子のことばの表現スタイルとして、気軽な言い方よりも丁寧な言い方を好む場合が多い印象があります。その子らしい表現スタイルがありますので、丁寧な言い方を好む子が気軽な言い方を無理して学ぶ必要はありません。また、話して伝えることが苦手な子もいます。その場合、書いて伝えたり、どのような状況でどのような助けが必要かを書いたヘルプカードを提示したりする方法もあります。

セーフパーソン

ヘルプを出す相手は学校では先生が多いでしょうが、クラスメイトに助けてもらうのもよいことです。とはいえ、皆が助けてくれる友達だとよいのですが、現実にはそうもいきません。快く助けてくれそうなクラスメイトを前もって決めておくと役立ちます。このことは○○くんに聞こう、あのことは□□さんに頼もう、と相談する相手、頼る相手を見定めておきます。そのような頼れる人のことを「セーフパーソン」といいます。相性もありますので、気軽に頼みやすいクラスメイトがよいと思います。自閉症のある子自身から、気軽に頼めそうなクラスメイトがいるかどうか、それはだれかを聞きます。また、周囲の児童生徒との関係について、担任の先生の日頃の観察も重要です。

助けてくれるクラスメイトは自閉症のある子とのふだんの関係から決めたほうがよいで

しょう。こんなことがありました。自閉症のある○くんのサポート役に、責任感が強く世話好きな□さんを担任の先生が任命しました。□さんは一生懸命にその役目をこなしてくれたのですが、○くんは感情を表情やことばで表現するのが苦手なので、何かしてもらっても感謝しているそぶりがありません。□さんは一生懸命やっているのに手応えがないため甲斐がなさそうでした。

先生に頼まれたからでなく、サポートが必要な子に、ふだんから何気なく親切にしている子がいないかどうか探してみましょう。そういう子がいたら、先生から○くんに頼まれたら手伝って欲しいことを伝えておくとよいと思います。また、○くんには、困ったことや相談したいことがあったらその子にヘルプを出してみることを勧めます。ただし、セーフパーソンの子一人に過重な負担がかからないよう配慮することも必要です。頼む内容によって複数のセーフパーソンがいるとよいと思います。大事なポイントは義務でなく自然で自発的なサポートがあることです。

セルフアドボカシー

「セルフアドボカシー」が最近注目されています。自己権利擁護と訳されています。障害のある人が自分の権利を主張することです。障害ゆえに参加が難しい状況を周囲が気づけないことがあります。障害が見た目でわかりにくい発達障害の人の場合、特にそうした事態が起こりがちです。自分にはこのような特性があり、このようなことで困っているので、このような配慮を願いたいということを職場の責任者や学校の先生などに要望することができると役立ちます。

自閉症のある子の場合、口頭で伝えるのは簡単ではないことと、だれに何をどう頼めばよいのか頭の中だけで整理することが難しいこともあります。その場合、先ほど紹介した問題解決法などによって、問題や解決の案を書いて整理するとよいでしょう。そして、自分の特徴と配慮して欲しいことを書いたメッセージカードを渡します。小学生では自分一人でそれをするのは難しいでしょうから、保護者に手伝ってもらいます。

今日、学校では障害のある子に対する合理的配慮が義務になっています。先生が無理のない範囲で、配慮を求める児童生徒に対して、その求めに応じた支援を行わねばならないということです。合理的配慮は、子どもに対して良かれと思われたことを先生が一方的に決めるものでなく、子どもからの求めに応じて行うのが基本です。保護者が代弁することもありますが、子ども自身が要望を伝えられることが本来のあり方です。セルフアドボカシーは合理的配慮を本来の形で実現するために必要なことなのです。完全に自力でそれを行うのは自閉症のある子には難しいかもしれませんが、サポートを受けながら、その練習をしておくのは良いことです。将来、仕事に就くときにとても重要で、仕事を続けていける可能性を高めます。また、それは自分の特性を振り返ることでもあり、自己理解にもつながっていきます。

自己理解

自分を知ること

自閉症のある子は、小学校高学年になると自分と周囲の定型発達の子たちとの違いに気づいていきます。クラスには定型発達の子が圧倒的に多いので、自分はふつうではないと思うようになり、自分のことを否定的に見るようになることがあります。また、他の子からおかしく思われているのではないかという被害的な感情が現れることもあります。他の子との違いがネガティブに受け取られてしまうのです。それは自己肯定感の低下を招き、精神的な健康を損ないます。二次障害と呼ばれるものです。

他の子との違いを受け入れるには適正な自己理解が必要です。自分の能力の高低を他の子と比べて評価するのでなく、自分の特徴を中立的に認識することです。そのためにはリフレーミングが役に立ちます。それは物事の良い面を見ようとする認知の構えです。例えば、コップの中の半分になったジュースを見て、もう半分しかないと思うことから、あと半分もあると思う方向に切り替える発想の転換です。ことばを文字通りにしか受け取らない子は、相手の腹を探りすぎない素直な人ともいえます。いつも本当のことを言ってしまう子は、空気が読めないのでなく嘘がつけない正直者ともいえます。

リフレーミングによる自分の特徴の理解はどのように進めればよいでしょうか。まず、自分の特徴を列挙します。紙などに書き出すとよいでしょう。次に、先ほど紹介した問題解決法のやり方で、その特徴のメリット、デメリットを考えます。自分を客観視することはそう簡単でないので、子どもが一人ではできないかもしれません。先生や支援者が手伝うとよいのですが、その場合、信頼関係が重要です。まず先生が自分の特徴を挙げ、メリット、デメリットを考え、そのやり方を参考にしてもらうとわかりやすいと思います。

自分の良さや強さを意識的に理解するにはある程度の成長が必要ですが、小さな子にそれを意識させていく方法はあります。ポイントは誉め方です。誉めるときに、具体的にどこが良かったのかを伝えるようにします。漠然とした誉め方やおだてるような誉め方はせず、実績に対して称賛するわけです。それは自分にはこれができる、ここに自分の良さがある、といった肯定的な自己イメージの形成につながります。

自分の取説

自分とどう付き合うか。これは自閉症の有無にかかわらず、また年齢によらず、人生の重要な問題ともいえます。感情のコントロールについて先に述べましたが、コントロールが難しいことに対して無理してコントロールしようとしてもストレスが溜まるばかりでしょう。重要なことは自分に何ができて何ができないかを客観的に見ることです。自分にはこんな特徴があって、こんなときにはこんな問題が起こる。そのときにはこうすると解決できる、といったことを整理するのは自分の取扱説明書の作成といってもよいでしょう。

自分の特徴を書き込んで整理するシートの作り方を説明します。まず、好きなこと、得意なことを書きます。そして、苦手なことを書きます。そこには、ただ苦手だということだけでなく、時間をかければできること、手伝ってもらうとできることも書きます。苦手さの自己分析です。また、手伝ってもらうことについては、何を手伝ってもらうか、だれに手伝ってもらうかを書きます。それから、道具があればできることは何か。そして、苦手だけれど、できるようになりたいこと、つまり応援して欲しいことと絶対にやりたくないこと、つまり、しなくても済むように配慮して欲しいことを書いていきます。気持ちの立て直し方やリラックスの方法なども書き込むとよいでしょう。また、感情のコントロールのところで触れたマジックワードも書きます。先に述べた感情のコントロールの話は自己理解につながってきますし、援助要請のところで触れたセルフアドボカシーも自己理解につながっていきます。

適正な自己理解は毎日の生活を心穏やかに過ごしやすくするだけでなく進路選択にもつながります。自分に向いた仕事に就くことはライフコースにおいて最も重要なことのひとつだからです。好きなこと、やりたいことだけでなく、続けていけるかどうかが重要です。

雇用主は、できないのに何でも引き受ける人でなく、自分にできることとできないことがわかっていて、自力で難しいことについてはそれをはっきりと表明でき、また必要な援助を求めることができる人を雇いたいと思うものです。

多様性の理解と共生

神経多様性（ニューロ・ダイバーシティ）という考え方が最近注目されています。自閉症をスペクトラムつまり連続体として捉える考え方は先に説明しました。自閉症の診断がつかない場合で、自閉症の特性は多くの人が様々な程度でもっているということです。この考え方はさらに広がり、脳のあり方は多様で、自閉症の脳もそのひとつのタイプだという考え方に発展していきました。

多様性の理解のために、自閉症のある子だけでなく定型発達の子も一緒に、クラス全体で自分の特徴を振り返ってまとめる活動などもできるでしょう。自分の特徴を自分で振り返るだけでなく、他のクラスメイトにインタビューをして情報収集するのもよいと思います。その際に先生が配慮すべきことは、質問してきた子のもつ特徴をポジティブに見て、それを伝えるよう指導することです。そのために、それに先立って授業でリフレーミングの体験をしておくとよいでしょう。そのような活動を通し、自閉症のある子と定型発達の子の違いだけでなく、共通点もあることがわかります。また、自閉症と定型発達の違いだけでなく、つまるところ一人一人の個性の違いがあることも浮かび上がってくると思います。自閉症か定型発達かの二分法を超え、真の意味の多様性の理解につながっていくと考えられます。

歴史上の著名な人物を取り上げて考えるのも子どもの興味を引く活動になるでしょう。例えば、エジソンやアインシュタインは発達的な特性をもつ人としてよく取り上げられます。例えば、アインシュタインはことばの発達が遅く、ことばよりも視覚的なイメージで考えるのが得意だったことが自伝などから知られています。納得がいくまでじっくり考えるタイプだったようで、小さい頃は「のろま」と呼ばれていたそうです。自分が歴史上の人物のだれに特徴が似ているかなどを考察するのも面白いかもしれません。

余暇とサードプレイス

余暇の大切さ

自閉症のある子の特別な興味はこだわりという観点から、以前はどちらかというとマイナスの評価を受けていました。しかし、近年、ニュートラルにみられるようになり、ポジティブな側面にも光が当たるようになりました。それは先に述べた通りです。自分の好きなことに没頭できる時間や場所があることは精神的な安定のために有効です。

仕事や生活の必要から離れ自由に使える時間のことを余暇といいます。余暇活動はそのような自由な時間に行う活動です。社会生活は自分の好きなことばかりできません。周囲やルールに合わせなければならないので気を張り疲れます。心や体の健康のためには息抜きが必要です。余暇活動では自分が好きなことに没頭することで、心のエネルギーをチャージできます。自閉症のある子は、ユニークな特性ゆえに、周囲に合わせることに努力と緊張を強いられることが多く、心のエネルギーを大量に使います。エネルギー補充のために余暇活動の意義は大きいのです。

余暇の時間にはいろいろな過ごし方があります。休息もひとつの過ごし方です。趣味や自分が好きなことに没頭する過ごし方もあります。好きなことに一人で没頭するのも余暇の過ごし方のひとつですが、一人では楽しめない遊びや、グループで行うのが楽しい遊びもあります。自閉症のある子は、仲間づくりに苦手さがありますが、気の合う仲間と一緒に好きなことを楽しみたいという気持ちもあります。そのような願いを叶えるには、好きなことを仲間と一緒に楽しめる場の設定が必要です。余暇活動の支援では、そのような仲間と共に楽しめる場の設定などが行われます。

サードプレイス

家庭、学校に次ぐ第三の場所、サードプレイスの意義が最近注目されています。無理せずリラックスしてそのままの自分が出せる居心地のよい場所です。興味・関心を分かち合える仲間と出会え、一緒に楽しく過ごせる場所でもあります。以前に私の研究室で、余暇の過ごし方について、発達障害の生徒にアンケート調査を行ったことがあります。「やってみたいが、できないことはありますか?」という質問に、次のような回答がありました。

「友人と共に遊ぶこと」
「友達と遊びに行きたいけれど、友達がいないのでできない」
「同じ趣味の友達がゼロ」

また、その一方で、余暇の満足度が高い子は、人と一緒に余暇を過ごしている傾向がありました。発達障害のある子が、同じ興味・関心をもつ仲間と出会い、楽しい時間を過ごせる場所があることは生活の充実につながると思われます。

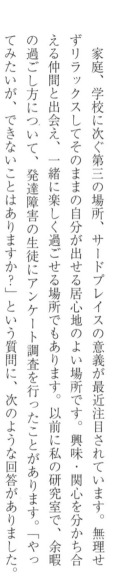

自閉症のある子は共感性が乏しいことが指摘されますが、同じ特徴をもつ人には共感が生じるという研究の知見もあることを先に述べました。好きなことを通して経験を共有することで共感的な関係を築くことができると思われます。そして、好きなことの共有に基づく共感は他の子どもとの協調にもつながると考えられます。

趣味を生かした余暇活動

趣味を生かした余暇活動の例を二つほど紹介します。ひとつは自分の好きなものを語る活動で、私たちは「趣味トーク」と呼んでいます。自分の好きなものを見せながら、その魅力などについて語ります。以下の四つのマナーを守ってもらいます。①人の話は最後まで聞く、②知っている話でも最後まで付き合う、③意見・質問は話の後にする、④見たいときは見せてと言う。この活動に参加した自閉症のある子から次のような感想がありました（文献㉝）。

「授業や学校で話をするのはストレスだけど、好きなことを話すのは楽。しゃべるのが好きだし、聞いてくれる相手がいるのが嬉しい」
「相手の好きなことや状況に合わせて話すことを学べたと思う」
「（学校や家庭では）自分の好きなことを熱く語ってもうんざりされてしまうけど、（趣味トークでは）うんざりされないのが良かった」
「好きなことを安心して熱く語れるのが良かった」

好きなことを共有してくれる他の子どもがいると、自発的なコミュニケーションが促進されることがわかります。また、私たちの研究室ではＴＲＰＧ（テーブルトーク・ロールプレイング・ゲーム）という会話型のロールプレイゲームも行っているのですが、この遊びも子どもたちに人気があります。自分のキャラクターを作ってそれを演じ、会話のやりとりで物語を進めていくゲームです。何人かのプレイヤーがゲームマスターと呼ばれる進行役にガイドされてゲームが行われます。参加した子どもたちから次のような感想がありました（文献㉞）。

「ＴＲＰＧは笑いの絶えない活動だった」

「ＴＲＰＧの後で『こういうのが良かったよね』という話題で雑談ができる。それで自然と話せるようになった」
「ＴＲＰＧを体験してから、前よりも会話することが楽しくなった」

活動を通して、自閉症のある子がふだんは苦手とする雑談まで楽しむことができるようになっています。また、ＴＲＰＧは競争型でなく協力型のゲームなのですが、それを行っていく中で他の子どもの行動への寛容さもみられるようになっています。指導は特にしていないのに、仲間と遊ぶ中で、コミュニケーションや感情のコントロールが自発的にできるようになったことが注目されます。これらのことから、コミュニケーションのスキルや集団の中での他児との協調は、他児と一緒に好きな活動に没頭し、共に楽しむことを十分に経験することの結果としてついてくるものではないかと考えられます。

インクルーシブ教育とICTの活用

インクルーシブ教育と特別支援教育

国連が日本のインクルーシブ教育の遅れを指摘し、通常の学級で教育を受ける権利を保障すべきことを勧告しています。一方、通常の学級に在籍する知的障害を伴わない自閉症のある子は、大きな集団の中で学ぶことにたいへんな苦労をしています。インクルーシブとは、単に皆が同じ場所で教育を受けることでなく、障害のある子もバリアなく学習や活動に参加できることです。

自閉症のある子の認知特性については本書で様々な観点から述べてきました。物事の見方が定型発達の子よりも細かく、一度関心を向けたものに対してはとことんこだわって知識を深めていく傾向があります。そして、定型発達の子とは興味・関心の向け方が異なります。また、対人的なスタイルでも、流行のことを話題にして雑談することなどをあまり好みません。外で体を動かすよりも室内で本を読むことを好む子もいます。

自閉症でも定型発達でも子どもの個性は様々でひと括りにはできません。しかし、両者にはやはりそれぞれのスタイルがあるようです。自閉的共感性の仮説を紹介しましたが、それは俗にいう「波長」の違いというようなものでしょう。好みや感覚やコミュニケーションのスタイルが異なる子ども同士の関わりは異文化間の交流といえるかもしれません。「みんな一緒に」がインクルーシブ教育の理念だとすると、「学びのスタイルに合わせて」が特別支援教育の理念といえるでしょう。これらは同時に実現することができるでしょうか。ＩＣＴの活用によってその可能性が見えてきました。

ＩＣＴをどう使うか

自閉症のある子はＩＣＴと相性が良いようです。コンピュータはイレギュラーな動作をしないことがその理由のひとつでしょう。コンピュータのプログラムには「行間」はなく、コンピュータはプログラムされた通りにきっちり動きます。また、ユーザーが何らかのアクションを起こさない限り、コンピュータからのアクションは起こりませんので、自分のペースで作業を進めていくことができます。そして、ユーザーのアクションに対して具体的で明確な反応が返ってきます。コンピュータは人と違って心を想定する必要がないので心の理論が要りません。また、情報の入出力の様式が構造化されていますので中枢性統合の弱さがネックになりません。それから、操作の手順が明確なので実行機能がサポートされます。いずれも自閉症のある人の弱さを補うメリットになることです。

新型コロナウイルス感染症対策で、学校での集団学習が困難になった時期にオンラインの学習が全国で一斉に行われました。その中で、子どもによっては教室の中で対面形式で授業を受けるよりも、オンライン学習のほうが参加しやすく学びやすいことがあることも明らかになりました。コンピュータを使った学習では、画面すなわち「フレーム＝枠組み」の中に集中できます。また、基本的に一対一でやりとりできますので注意の集中がしやすくなります。また、カメラをオフにすることで、コミュニケーションのチャンネルをことばだけに絞れます。チャットなどで文字ベースのやりとりができることもメリットです。

オンライン学習においては、Ｗｅｂ会議システムのアプリケーションや電子教科書がとても効果的です（文献㉟）。Ｗｅｂ会議システムの利点は情報の共有ができるところです。リアルタイムでのやりとりでなく、それぞれのペースで情報の発信や受信ができることは自閉症のある子にとってメリットになります。文字を介したコミュニケーションという点もメリットになります。コンピュータの文書作成アプリも自閉症のある子に向いています。思いついたことばを入力しておいて、それを画面上で並べ替えて、パズルを組み立てるように文章を作ることができるからです。最近では学校で使われる教科書の電子版も利用できるようになりました。教科書の中の文章を自由に切り取ったり編集したりできることは自閉症のある子の学習を促進します。また、カスタマイズがしやすく個人に合わせた最適化が可能になります。ユニバーサルデザイン化された授業には電子教科書がこれから不可欠なツールになっていくでしょう。

学びの場の多様性

　学校教育で自閉症のある子が学ぶ場としては、通常の学級、通級指導教室、特別支援学級、特別支援学校などがあります。知的障害を伴うか、自閉症の特性が強いかなどによって、その子に適した学習の場や形態は様々ですが、最も考慮されなければならないことは子ども自身がどんな学びの場を選ぶかです。自閉症のある子の中には、知的な発達レベルは高くても通常の学級よりも自閉症のある子どもたちのための特別支援学級で学ぶことを強く希望する子もいます。大きな集団の中では落ち着かず、常に不安な状態で過ごさねばならないからです。周囲の雑音も多く気が散り、波長の異なる人たちの集団の圧に圧倒されます。また、自分がクラスメイトたちと物事の感じ方や学び方のスタイルが違うことを意識させられ、自信を失ってしまうこともあります。

　特別支援学級や特別支援学校では自閉症のある子の認知特性に合った学習環境が整えられています。インクルーシブ教育の観点からは通常の学級にそのような環境が整えばよいのですが、そう簡単ではありません。形だけ整えればよいというものではないからです。

先生が自閉症流のコミュニケーション、認知、学びのスタイルを知っている必要があります。

自閉症のある子は周囲に合わせることが苦手です。皆がやっているから自分もやるという動機が起こりにくいのです。しかし学校では、特に通常の学級ではそれが自然にできないと適応することができません。そのため、多くの自閉症のある子が異なった感覚をもつ定型発達の子ども集団に合わせる努力をし、たいへんな苦労をしています。

しかし、自分のペースで興味・関心のあることを探究する場面になると、自閉症のある子は驚くほどの情熱で知識や技能を深めていくことができます。エジソンやアインシュタインはそういうタイプの人だったのでしょう。ただ、だれもがエジソンやアインシュタインになる必要はありません。大事なことは傑出した人物になることでなく、自分らしく楽しく学べることです。そのために「教える」ことから「学びを支援する」ことに発想を変える必要があるように思います。未来の学校は学び方の多様性が認められる場所であって欲しいものです。

第3章

教室の中の自閉症のある子どもたち

エピソード1
みんなと楽しく話がしたい

ユウトくんは小学五年生の自閉症のある男の子です。ユウトくんの悩みのひとつにこんなことがありました。クラスメイトに話しかけているのに返事をしてもらえず、無視されているというのです。そこで、クラスに入って、授業や休み時間の様子などを観察したところ、ユウトくんは声がとても小さく、相手に聞こえていないことがわかりました。また、一度話しかけて相手の反応がないと、もっと大きな声で話すといったことや、相手の注意を引くことなどもしていませんでした。どうやら、ユウトくんは相手が気づいていないことに気づいていなかったようです。また、給食の時間が特に苦手とのことでした。理由を聞くと、そのクラスでは給食の時間に小グループになって食べるのですが、他児の会話の輪に入れないことがつらいとのことでした。話に入るタイミングや、話の合わせ方などがわからなかったようなのです。そして、ユウトくんは、困っていることがあるときに周囲の仲間に助けを求めたり、わからないことがあったときに教えてもらったりすることもできませんでした。

給食の時間にはいくつかの班に分かれて机を並べ、班の児童はお互い向かい合って給食を食べます。ユウトくんの班のタケシくんは話題が豊富で話す時間が多い児童でした。周囲の児童はタケシくんの振った話題に応じたり自分からも時々新しい話題を振ったりして会話に参加していました。一方、自分からは話題を切り出さず他児の話をもっぱら聞くだけの児童もいました。給食場面でユウトくんはタケシくんやその他の児童の話を時々笑いも交えながら聞いていました。相槌の首振りや「うんうん」「そうなんだ」のような発言はありませんでした。自分から話すことが数回ありましたが、周囲の児童は一度もそれに応じることはありませんでした。

給食の時間のユウトくんの周囲の児童の行動を観察すると、仲間と会話はしていますが、だれもが同じように会話に参加しているわけではなく、中心になって会話を進める児童もいればほとんど聞いているだけの児童もいます。また話題を振ってもいつでも好反応が得られるわけでなく、その話題で会話が進まないこともあります。しかし、だからといってその話題を振った児童は自分が無視されたと思い悩んでいる様子はありません。ユウトくんは自分の発言が周囲の子どもたちに大いに受け、その話題で会話が盛り上がる状態を思い描いており、それが実現されていない現状に強い不満足感を抱いているようでした。

給食の時間についてユウトくんは次のように語っていました。

「給食の時間にみんなと話したい」
「友達と話すことができない。面白いことが言えないし」
「ぼくが話しても、みんなぼくのことを無視する」
「給食の時間が一番つらい。みんな楽しそうに話しているのに、ぼくだけ話せない。自分が話してもみんなはぼくに答えてくれない」

ユウトくんと担任の先生へのインタビューとクラスの中での授業や給食の時間の行動観察の結果から、ユウトくんの課題を次のように整理しました。

・話すときの声の大きさや相手の顔を見て話すことなどのコミュニケーションスキルが獲得されていない
・話題を相手に振るタイミングの判断ができない
・コミュニケーションに対する自信が乏しく、自分に対する周囲の応対を否定的に捉える傾向がある
・何か面白いことを話さないと会話に加わったことにならないと思い込んでいる
・周囲の児童は、ユウトくんが話したいと思っていることに気づいていない

そこで、これらの課題に対する支援策を考えることにしました。保護者の希望とユウトくん自身が問題を解決したいという強い思いをもっていたので、通級指導教室で個別指導を受けることになりました。

エピソード2 友達や先生の応援があれば大丈夫

ユウトくんが望むことを達成するために必要なコミュニケーションスキルを次のように考えました。

- 話しかけるときに相手のほうを見る
- 相手に聞き取れる大きさの声で話す
- 相手の話題に合わせ、それに関係することを話す
- 自分が話したい話題を振るときには、そのタイミングを見定める

そして、ユウトくんに達成できそうな目標を次のように設定しました。

・相手の顔を見て話す
・相手がはっきり聞き取れる程度の大きさの声で話す
・話したい話題をあらかじめ考えておく
・相手の話に対して「うんうん」「そうだね」のような相槌を返す
・周囲の児童がユウトくんを無視しているわけではないことを理解する
・ユウトくんがみんなと話したいと思っていること、時々自分から話そうとしていることなどを周囲の児童が理解する

以上に基づき、給食の時間でのユウトくんの望む目標を実現するための支援計画を立て、指導を行いました。まず、相手の顔を見て話す、ちょうどいい声の大きさ、相槌を返す、などの会話時に求められるスキルを、四コマ漫画などを使って解説しました。声の大きさの調節の練習は、声のレベルメーターを使って練習しました。また、様々な場面を設定し、その場面での適切な声の大きさを考え、ロールプレイで練習しました。また、聞き手から話し手に交代するポイントをつかむ練習や、話しかけられたときの応答の仕方などについ

ても指導が行われました。応答するときのことばの案を考え、ロールプレイで練習しました。

周囲の児童がユウトくんを無視しているわけではないことを理解することについては、給食の時間を録画し、給食のときに話していない児童もいること、話題を振ってもそれが取り上げられないこともあること、しかしその児童が周りから無視されているわけではないことなどをビデオで見せ支援者と共に振り返り、気づきを促すことにしました。そして、給食のときにユウトくんが話をしようとしても周囲に気づかれない場面では、支援者がユウトくんの発言を取り上げ「ユウトくん～なんだって」などと周囲に伝わるよう言い直すなどの支援をしました。

クラスメイトに話しかける作戦も計画し実行しました。まず、話しかけやすく話題が合いそうなクラスメイトを探すことから始めました。どんな話題を、どのようなタイミングで話しかけるか考え、相手が答えてくれそうな質問を考え、ロールプレイで練習しました。計画の実行にあたってはあらかじめ、話しかける予定の児童に対し、ユウトくんが話しか

ける ことを伝え、話しかけられたら応じてくれるよう担任の先生に頼んでおきました。作戦は成功し、それ以降もその子と話ができるようになりました。ユウトくんは友達と話すことに自信がついたようで、他の児童にも自分から話しかけることが増えていきました。

ユウトくんへの個別指導は通級指導教室で行われましたが、指導内容は在籍学級の担任の先生に伝え、協力が得られました。まず教室に声のレベルメーターが掲示されました。そして、通級に行くときにクラスメイトに「行ってきます」の挨拶をしてから教室を出る習慣になっていたのですが、その際に声の大きさを意識できるよう援助してくれました。そういった取り組みの中で、ユウトくんの声ははっきり聞こえるようになり、クラスメイトからも「ユウトくん、最近声が大きくなったよね」といった声が聞こえるようになりました。また、クラスメイトに話しかける作戦では、相手の児童に担任の先生が「ユウトくんが話しかけるので返事をしてあげてね」と事前に根回しをしてくださいました。支援の効果があったことは在籍学級の担任の先生の協力が大きかったと思います。個別に学んだスキルを在籍学級で活用する機会を作ることができると効果が上がることがわかりました。

エピソード3
なぜ自分だけ静かにしないといけないの？

アキラくんは小学五年生の自閉症のある男の子です。アキラくんが通っている小学校では放課後に図書室で読み聞かせの時間があって、みんなそれを楽しみにしています。ある日の午後のことです。読み聞かせが始まろうとしていたときに一年生がザワザワしていました。聴覚に過敏があるアキラくんはそれが気になって仕方がありません。そこに同じクラスのケンジくんがやってきて「おいアキラ、一年生が騒いでいるぞ。注意してこいよ」と話しかけました。ケンジくんは日頃からアキラくんの衝動的な行動を面白がり、それを誘発するような声かけをしていました。ケンジくんのひと言でスイッチが入ってしまったアキラくんは一年生のところに走り「うるせー！　静かにしろ！」と叫んでしまいました。

上級生に大声で怒鳴られた一年生は怖がって泣き出す子もいました。騒ぎになっているところに先生がやってきました。しかし、ケンジくんはその場にはもういません。残ったアキラくんは騒ぎの首謀者として先生から叱られてしまいました。

アキラくんにとって教室は不快な刺激に満ちた場所で、いつもピリピリした気分で過ごしていました。また、授業中、先生の発問に大きな声で答えてしまうことがたびたびありました。そして、そのような行為を周囲の児童が迷惑に思ったり、困惑したりすることにアキラくん自身は気づいていません。以下はクラスに配置されていた支援員とアキラくんのやりとりです。

支援員：アキラくんはさっきの授業のとき、困っていたみたいだったけど、どうしたの？
アキラ：すげーみんなうるせーんだもん。
支援員：うるさいって、注意したんだね。アキラくんが「うるせー！　静かにしろ！」って言ったとき、友達はどう思ったと思う？
アキラ：……気持ちなんかないよ。
支援員：気持ちは誰にでもあるよ。アキラくんが頑張ってお勉強すると先生は嬉しいと思うよ。
アキラ：うん。
支援員：ちょっと考えてみて。静かにしろって言われたとき、友達はどう思ったと思う？
アキラ：静かにしなきゃって思うよ、きっと。
支援員：そうか。他には？
アキラ：…
支援員：もしかしたら「アキラくんのほうがうるさいじゃないか」って思うかもしれないよ。それから、「そんな大声で言わなくてもいいじゃないか」って思うかもしれない。
アキラ：（意外そうな顔つき）

アキラくんはこんな疑問も投げかけました。授業中に教師の発問に対し不適切な大声で答えることに対する指導のときのことです。「みんなうるさいのに、どうしてぼくだけ声の大きさに気をつけなくちゃいけないの？」もっともな疑問です。少々騒がしいクラスだったからです。

そこで担任の先生と話し合い、声のレベルメーターをポスターサイズにし、黒板の上に貼ってもらい、クラス全体のルールとしました。この他に「発言したいときは手を挙げる」などのルールも絵にして同じように貼りました。そしてアキラくんだけでなく、皆が守って欲しいことについてはクラス全体の目標としました。そのような取り組みによってアキラくんの疑問は解消されました。

このケースのポイントは、アキラくんが大声を出して騒ぐことと、それをやめさせることではありません。聴覚的な過敏性のあるアキラくんにとって落ち着ける環境をいかに作るかです。問題は騒がしいクラスメイトのほうにもあります。教室に貼った声のレベルメーターはアキラくんの目標でもありますが、それ以上に児童全体の目標にもなることです。だれにとっても快適に過ごしやすいクラス環境を作ることは何よりも大切です。

エピソード4
人の心に気づき始めたら

ケンタくんは小学二年生の自閉症のある男の子です。専門機関でソーシャルスキルの指導を受けていました。対人関係が上手にできないことがお母さんの心配事でした。次のようなことが問題として挙げられました。

・集中力が持続できない
・声が必要以上に大きすぎることがある
・悪い言葉遣いをする
・突然、話題と関係のないことを言う
・みんながわかっていると思って主語を抜かして話す
・人が話しているときにもかまわず割って入ってくる

・独り言が多い
・他者の感情を読み取るのが苦手
・ルールのある遊びを避ける

ケンタくんは乱暴なことば遣いは男らしくかっこいいものであるという価値観をもっているようでした。しかし、そのようなことばを好んで使ってはいましたが、実際に暴力行為に及ぶことはありませんでした。攻撃的な意図はないものの、相手の受け取り方を考えず、かっこいいと思っていることばを使っている様子がうかがえました。

アセスメントの一環として行った心の理論課題（誤信念課題）は、二問中一問が正答で一問は誤答でした。この結果から、他者の心の理解は全くできないわけではないものの不十分で、他者の視点から物事を判断する力の弱さが見受けられました。一方、人の話を聞くことは苦手でしたが、文を読むことには苦労していませんでした。そこで、相手の心に気づいてもらうための支援法として、ソーシャルストーリーとコミック会話を参考にし、ケンタくんにとって課題になる場面を設定し、その場面での人の考えや感情を説明する四コマ漫画のストーリーを作成しました。ストーリーはケンタくんに読んでもらうとともに、問題となる行動が起こりそうな場面で内容を思い出してもらうための声かけをしました。

最初にテーマにしたのは「話を聞こう」でした。始まりの会のときに、ストーリーに注意を向けると、他児の声や動きが気になって集中が途切れることはあったものの目標を実行できました。ストーリーの内容が頭に入っており、それを参照して自分の行動を調整しているようでした。

次に、「友達を誘おう」をテーマにしました。このときはストーリーを読んでもらった後に、他児に「一緒に遊ぼう」と言って誘うロールプレイも行いました。ただ、促せばそれを言えたものの、自分から誘いかけることはありませんでした。また、他児より「一緒に〜しよう」と誘われることがあっても応じませんでした。しかしながら、終わりの会の後の自由遊び場面で、支援者の手を引いて誘いかける場面が観察されました。読んだストーリーの内容を、まずは確実に自分の意思が伝わりそうな相手に試したようです。

声の大きさに関する練習も行いました。これは場面にそぐわない大きな声に対する介入で、様々な場面を想定し、そこでの適切な声の大きさについて指導しました。この指導後に支援者から自分の声の大きさを意識するようになったようだと報告がありました。

また「平等にしよう」をテーマにしたストーリーを渡しました。それは、自分が給食当番のときに仲の良い友人にだけ多めにおかずを配ってしまい、その友人が他児から嫉妬を受け、立場を悪くさせてしまうといった問題に対するものでした。給食の問題はこの支援後に解決しました。

他者の心への気づきが芽生え始めた子どもに対し、このような社会的場面での人の心を説明するストーリーを使った支援法は効果がありました。ケンタくんのお母さんからは、このようなストーリーは視覚から頭に入り、とても理解しやすく、同じような状況のときに思い出しやすいようだとの感想をいただきました。

エピソード5 友達と仲良くするには

ダイキくんは小学五年生の自閉症のある男の子です。集団活動への参加や、人の意思や気持ちを顔の表情などから読み取ることが困難でした。また、授業中は授業と全く関係のないことを口にすることがありました。自分の得意なものや興味のある学習以外は集中力を持続することが困難で、友達と協力する班学習なども難しいようでした。

ダイキくんは授業中に隣の席のタツヤくんによく「タツヤくんって変だよね」と話しかけていました。タツヤくんは親切な児童でダイキくんのことを何かと気にかけてサポートしてくれていました。例えば国語の時間に教科書のどこを読むかわからなくなったときにさりげなく教えてあげるなどです。そんなタツヤくんのことをダイキくんは好きで仲良くしたいと思っているらしいことが日頃の様子からうかがえました。でも、悪気はないのに

「タツヤくんって変だよね」と話しかけてしまいます。どうも、タツヤくんの気を引きたいと思って行っているようです。

しかし、そのような発言によって相手がどのような気持ちになるかダイキくんは想像できなかったようです。二つの誤信念課題のうち、ダイキくんは一課題だけ正答できました。心の理解が芽生えつつあるものの、まだ不十分なレベルと考えられました。

ダイキくんに自分の発言が相手の心にどのような影響を与えるかに気づいてもらう支援が必要と考え、ソーシャルストーリーを参考にした支援を行うこととしました。そこで、次のようなストーリー「タツヤくんと仲良くするためには」を作成しました。ストーリーは文だけでなく漫画を添え、コミック会話の要素も取り入れました。

「タツヤくんと仲良くするためには」

ぼくの隣の席にはタツヤくんがいます。

ぼくはタツヤくんと仲良くしたいと思っています。

ぼくはタツヤくんに時々「タツヤくんって変だよね」と話しかけます。

「変」と言われると、タツヤくんは悲しい気持ちになります。

そして、タツヤくんは「ダイキくんと仲良くなれないな」と思うかもしれません。

なので、ぼくは「タツヤくんって優しいね」と話しかけてみようと思います。

すると、タツヤくんは嬉しい気持ちになり、タツヤくんと仲良くなれるかもしれません。


このストーリーを授業が始まる前の休み時間に見せました。ダイキくんはすぐに興味を示し、指示されなくとも自分から読み始めました。

ストーリーによる支援の前には一回の授業中に問題の発言が、ある週には八回、次の週には十回みられ、先生が口頭で注意しても改善されませんでした。しかし、ストーリーを導入した日のうちにこの発言は三回まで減り、翌週にはさらに二回に減りました。ストーリー導入後もうっかり口がすべって言ってしまうこともありましたが、そのときも「タツヤくんって変…じゃないよね」と言い直したり、言ってしまった後に「タツヤくんって優しいよね」とフォローをしたりする行動が観察されました。その後、夏休みに入ったためストーリーによる支援は行いませんでしたが、夏休みが終わって学校が始まってからも問題の発言はみられなくなっていました。

自分の言動が相手の心にどのような影響を与えるかについて意識してもらうため、文章と漫画を組み合わせた支援は効果があります。口頭での注意は、そのときに聞いていないことも多く、また記憶に残りにくいものです。そして、内容が頭に入るよりも、叱られたという感覚だけが残ってしまいます。文章や漫画などの視覚的メディアは自分のタイミングで情報が取れますので記憶に残りやすいのです。そして、心の理論課題（誤信念課題）が少しできるようになってきた頃が指導の適期と考えられます。それは相手の心に自発的には気づくことができなくても、促されれば考えて理解できるようになっている段階だからです。自閉症のある子も定型発達の子より遅れてですが、心に気づくようになるときが来ます。行動と心の関係を文章や漫画で示す支援法はその時期に始めると効果があります。

エピソード6 クラスメイトに助けてもらおう

ノリカさんは小学四年生の自閉症のある女の子です。ことばの力が優れていて、難しいことばもたくさん知っています。学力も良好です。ひとなつこく、初対面の人にも友達のようにふるまいます。そして、どんなときでも遠慮せずに話しかけます。対人距離がとても近く、話すときなど相手の目の前まで近づいていきます。また、話し始めると、話しが止まらず、誰も知らないようなことを延々と話し続けます。

そのようなフレンドリーなノリカさんなのですが、クラスの中でトラブルも絶えません。クラスメイトの些細な発言に対して、いじめられたと受け取ってしまうようです。そして、相手に反撃するつもりで乱暴なことばを返し、口喧嘩からトラブルに発展してしまうことがよくありました。ノリカさんに向けられたことばでないのに、自分に言われたと思い込んでしまうこともありました。

授業中に隣の席のカズヤくんが「くそっ」と呟いたことがあったのですが、ノリカさんは自分に言われたと思い、カズヤくんを叩いてしまいました。カズヤくんはノリカさんに言ったわけでなく独り言だったようです。ただ、カズヤくんとノリカさんは日頃からうまくいっていなかったという背景もありました。ノリカさんはカズヤくんがいつも自分に悪口を言うのが嫌なのだそうです。どんな悪口を言うのか聞くと、アニメの悪役キャラの名前でノリカさんのことを呼んだりするのだそうです。カズヤくんとしては悪口でなく軽口のつもりで言っているようでした。

ノリカさんは、クラスに支援員として配置されていた大学院生のお姉さんをとても信頼していました。そして、カズヤくんの「悪口」問題の解決の仕方について一緒に考えてもらいました。ノリカさんが考え出したプランは次のようなものでした。

作戦①　カズヤくんに自分に謝るよう伝える

作戦②　カズヤくんの席を自分から遠いところに変えてもらう
作戦③　クラスメイトに悪口をやめるよう言ってもらう

次に、ノリカさんが考えたこれらのプランについて、現実的にできるかどうか、効果があるかどうか、という観点から一つ一つノリカさんと支援員が一緒に検討しました。①については、それを伝えることはできても、カズヤくんがその案を受け入れるかどうかは予想できません。そのことでまたケンカになってしまう恐れもあります。②は席を決めるのは担任の先生の権限です。先生にそのことをお願いすることはできても、すぐには実現するのは難しそうです。

残った案は③です。具体的にどのようなことなのかノリカさんに聞いてみると、ことばで上手に主張ができ、クラスの中で存在感があり信頼されているリナさんに、カズヤくんから「悪口」を言われたとき「そんなこと言うのやめなよ」と言ってくれるよう頼むことでした。リナさんはノリカさんとは相性も悪くないので、そのお願いを受けてくれることが期待できます。そこで、③の案を採用することにしました。リナさんへのお願いの仕方を支援員と一緒に練習してからお願いに行ったところ、予想通り、リナさんはその依頼を快く受けてくれました。

リナさんの出番は実際にはありませんでした。支援員から事情を知った担任の先生がカズヤくんに指導してくれたこともあって、カズヤくんはその後「悪口」を言わなくなったからです。カズヤくんは自分が何気なく言ったことがノリカさんをそんなに傷つけていたことに全く気づいていなかったようでした。また、席も離してもらいました。そのような対応があって、リナさんの出番は実際にはなかったのですが、ノリカさんはリナさんが依頼を受けてくれて助けが期待できることをとても心強く思ったようでした。

この問題に対する最適な解は担任の先生に相談する、ということだったのでしょう。実際それで問題は解決しました。しかし、ノリカさんが自分で解決の仕方を考え、クラスメイトに頼ることを考え、実行できたことは自信と気持ちの安定につながりました。

エピソード7
大人の女性のマナーを学ぶ

ノリカさんはフレンドリーな女の子なのですが、人との距離感が他のクラスメイトと違ったところがあります。前の席のトモノリくんにボディタッチすることがよくありました。ときには抱きついてしまうこともあります。他のクラスメイトが、なんでトモノリくんばかりにそうするのか聞くと、ノリカさんは「だってトモノリくんが好きだから」とみんなの前で平然と大きな声で答えました。周囲のクラスメイトはみんなびっくりしてしまいました。そのことがあってから、トモノリくん自身もいくぶん引いた姿勢でノリカさんに接するようになりました。それでもノリカさんは全く動じる様子もなく、トモノリくんにアプローチを続けました。

小学四年生の女子は思春期に入ってくる年齢です。異性に対して羞恥の感情が芽生えるのがこの年齢の定型的な発達です。好意をもっていても、そのまま表現することはふつうあまりしないことですが、ノリカさんはあまりにストレートに行動として表してしまいます。

ノリカさんには、パーソナルスペースに課題がありそうです。自閉症のある人は対人距離が近い傾向があります。相手にそれ以上近づくと不快さを感じる距離が通常よりも短いのです。ノリカさんにもその特性がありそうです。それはノリカさんにとってはおかしなことではないのでしょうが、トモノリくんはじめ多くの児童はふつうのことではないと感じます。お互いの感じ方にギャップがあるのです。また、対人距離の問題だけでなく、コミュニケーションのスタイルにも特徴があります。ボディタッチは家族や同性のクラスメイトには自然な行為ですが、思春期の女の子がクラスメイトの異性に対して頻繁にそれをするのはあまりないことです。

ノリカさんは女の子から大人の女性になっていく時期に異性との関わり方について学ぶ必要があると考えられました。そこで「素敵な大人の女性になるために」というテーマで派遣されていた大学院生の支援員が個別指導を行うことにしました。たまたまだったのですが、それを教える予定の日がバレンタインデーで、そのテーマを扱うのにもってこいでした。次のポイントを教えることにしました。異性を好きになることは自然なことで大人の女性に近づいている証拠であること。そして、その相手と仲良くなるためのマナーを知っていると役立つことです。また、支援員は女性なので、女性の先輩というスタンスで共感的に教えることができるメリットがありました。

ノリカさんはトモノリくんのことを優しくて素敵だと思っているとのことでした。以前に、他の男子といざこざが起こったときに、ノリカさんをかばってくれたそうです。「大人の女性のマナーを知っておくと便利でお得」というキャッチフレーズを見せると、それが気に入ったようで、意欲的な姿勢を見せてくれました。次の五つのマナーを教えました。

①きれいのマナー：身だしなみはいつも清潔に
②距離のマナー：話すときは腕の長さくらいの距離がちょうどよい
③話し方のマナー：話すときに相手の目を長く見すぎない

④プレゼントのマナー：女性の先輩であるお母さんに何を選ぶかアドバイスをもらう
⑤友達に聞かれたときのマナー：好きな男の子のことは信頼できる友達にだけ話す

これらのことを「バレンタイン・スペシャル」という題名をつけたスライドを作って教えました。また、対人距離についてはロールプレイを行いました。ロールプレイを通してノリカさんは腕の長さ分の距離をあけて相手と話すことの勘がつかめたようでした。また、特に男児と話す際に時々思い出して腕を伸ばし「この距離」と自分に言い聞かせるように繰り返し言ったりもしていました。また、キャッチフレーズが印象に残ったのか、個別指導からクラスに戻り、担任の先生に「今日は大人の女性のマナーを勉強しました！」と報告したそうです。担任の先生によると、その後、行動に落ち着きが出てきたようで、「大人扱いするのが良いこともあるようですね」と感想を述べられました。この例のように、少し背伸びした目標の設定が子どもに響くようです。それは子どものプライドを尊重することでもあります。

エピソード8
みんなが心地よく過ごせるクラスにするために

ハヤトくんは小学五年生の自閉症のある男の子です。音楽など不得意な科目の授業のときなどに落ち着かなくなることがよくありました。また、ハヤトくんは友達が欲しい気持ちはあるのですが、自分からクラスメイトを誘うことができず、休み時間はほとんどいつも独りで過ごしていました。あるとき、ハヤトくんを遊びに誘ってくれるクラスメイトが現れました。その子はハヤトくんが苦労している部分をよくわかったうえで、さりげない配慮をしてくれました。そして、授業中にハヤトくんが困っているときに「頑張れよ」などと励ましてくれました。その子がハヤトくんに最初に話しかけ、それをきっかけに他のクラスメイトも話しかけてくれるようになりました。誘ってくれる友達ができてからハヤトくんは明るくなり、気持ちも安定しました。

この学級では日頃から「みんな違ってみんないい」をキャッチフレーズにして、障害の理解についての講話も折に触れて行っていました。だれしもそれぞれ何らかの弱さをもっていること、完全ではない人間が支え合って世の中は成り立っていること、などについて話されたそうです。担任の先生はクラスづくりにあたり、児童はかくあるべしといったかたい雰囲気にならないよう気をつけているとのことでした。またハヤトくんに限らず、クラスの全員についてお互いが理解し合えるように、今日は〜さんがこんなことをしました、こんなところがいいですね、といった児童の良さを皆の前で紹介する取り組みもしていました。

リョウくんは今、高校生です。小学校・中学校と大きな問題はなく安定した学校生活を送り高校に進学しました。国語の長文読解問題は苦手ですが、英語が得意で発音は抜群に上手です。小学校入学当初は離席が多く、自分の思うようにならないときにかんしゃくを起こすのが常でした。でも、担任の先生の対応でリョウくんはクラスの中で心地よく過ごすことができました。担任の先生は児童の問題点よりも良いところを見ようとする姿勢で常に接していました。例えば、リョウくんは本読みが上手だね、などと誉め、本を皆の前で読ませるなどの演出をさりげなくしてくれました。それによって、クラスメイトはリョウくんに一目置くようになり、馬鹿にされることもなかったようです。

その先生はリョウくんだけでなくクラスの児童だれにでも同じように対応していました。そして、児童に無理強いせず、一斉行動を強いることもしませんでした。親がリョウくんにクラスメイトと遊ばせようとすると、無理に遊ばせなくてもいいんじゃないですか、などと助言してくれたりもしたそうです。リョウくんのいたクラスは、のんびりした空気があり、リョウくんにとって楽に過ごせる環境だったようです。そうしているうちに、クラスメイトの同じマニアックな趣味をもった子が家に遊びに来てくれるようになりました。無理せず自然にできた友達です。

タクヤくんは小学三年生の自閉症のある男の子です。かん高い声で、アニメのキャラクターのような話し方をします。タクヤくんが何気なく言ったことを周りのクラスメイトが時々笑うことがありました。それはタクヤくんを馬鹿にするような笑いでなく、親しみが感じられるものでした。しかし、タクヤくんには馬鹿にしているように聞こえたようです。

そして「あーん、笑われた～」と不本意な気持ちをことばにすると、それもおどけて言っているように受け取られ、また笑いが起こり、タクヤくんはさらに傷ついてしまいます。でも、クラスメイトのだれもタクヤくんが傷ついているとは思っていません。そんな毎日の中で、タクヤくんは学校に行くのが嫌になってしまいました。

タクヤくんには休日を同年代の子どもたちと好きなことをして過ごす場所がありました。学校に行くのは嫌いでも、そこに行くのは大好きでした。ボランティアの学生がサポートし、他の子との関係を取り持ってくれます。タクヤくんが誤解しがちな他の子の反応を肯定的なメッセージとして解釈して伝えてくれました。例えば、他の子が笑っているとき、それはからかっているのでなく共感していることなどです。あるとき、タクヤくんはしみじみとした口調で独り言のように「みんなぼくのことを馬鹿にしていると思っていたけど、本当は味方だったんだなあ」と語りました。それからタクヤくんは学校でも楽しく過ごせるようになりました。

おわりに

本書は『特別支援教育の実践情報』（明治図書）の2021年4・5月号から2022年2・3月号に連載された「自閉症のある子供への言語・コミュニケーションの指導と支援」の連載原稿をもとに、それを大幅に増補する形で執筆しました。連載された部分もそのままの転載ではなく、書き直しています。

一冊の本にするにあたり全体を貫く基調として考えたことは、「多様なコミュニケーションと学びのスタイルを理解し共存する」ということです。少数派を多数派のスタイルに近づけることでなく、そのスタイルを尊重し伸ばしていくことを基本としながら、多数派とコミュニケーションする方法も指南すること。そのようなスタンスをもつ教育のガイドとなる本になったら良いなと考えながら書きました。

本を書く作業は読者とのコミュニケーションといえます。どのような立場の人にどのようなことを伝えたいのか。そのために何をどのように表現するか。そういったことを自分に問いかけながら書き進めていきました。主な読者として考えたのは小学校の先生です。支援法や事例などはその年齢層を想定して執筆しました。自閉症のある子どもたちが最も苦労し、その反面、良い環境に置かれたなら学びも多いのはその時期だと思います。

最後に、本書の企画を立て、執筆を後押ししてくださったのは明治図書の佐藤智恵さんです。腰が重く執筆が遅れがちな筆者のやる気スイッチを要所要所で押してくださいました。自分としてはびっくりするほど短期間で単著を書き上げることができたのも、ひとえに佐藤さんのおかげです。心より感謝いたします。

著者　藤野　博

引用参考文献

①Baron-Cohen, S., Wheelwright, S., Skinner, R., Martin, J., & Clubley, E. (2001). The autism-spectrum quotient (AQ): Evidence from Asperger syndrome/high-functioning autism, males and females, scientists and mathematicians. Journal of Autism and Developmental Disorders, 31, 5-17.

②若林明雄・東條吉邦・Simon Baron-Cohen・Sally Wheelwright（2004）自閉症スペクトラム指数（ＡＱ）日本語版の標準化―高機能臨床群と健常成人による検討―．心理学研究,75, 78-84.

③髙橋三郎・大野裕（監訳）（2014）DSM-5　精神疾患の診断・統計マニュアル．医学書院．

④Kanner, L. (1943). Autistic disturbances of affective contact. Nervous Child, 2, 217-250.

⑤ハンス・アスペルガー（1996）子供の『自閉的精神病質』．ウタ・フリス（編著）冨田真紀（訳）自閉症とアスペルガー症候群．pp.83-178, 東京書籍．

⑥Baron-Cohen, S., & Wheelwright, S. (1999). ‘Obsessions’ in children with autism or Asperger Syndrome: a content analysis in terms of core domains of cognition. British Journal of Psychiatry, 175, 484-490.

⑦Grove, R., Hoekstra, R.A., Wierda, M., & Begeer, S. (2018). Special interests and subjective wellbeing in autistic adults. Autism Research, 11, 766-775.

⑧ルーク・ジャクソン（著）ニキ・リンコ（訳）（2005）青年期のアスペルガー症候群―仲間たちへ、まわりの人へ．スペクトラム出版社．

⑨Dunn, W.（著）辻井正次（日本版監修）（2015）日本版感覚プロファイル．日本文化科学社．

⑩藤野 博（著）小池敏英（監修）（2005）アニメーション版 心の理論課題 ver.2．ＤＩＫ教育出版．

⑪仲野真史・長崎 勤（2006）健常児と自閉症児におけるナラティブ産出—フィクショナルストーリーとパーソナルナラティブの分析から．心身障害学研究，30, 35-47.

⑫Scherf, S.,Luna, B., Kimchi, R., Minshew,N., & Behrmann, M.（2008）Missing the big picture: Impaired development of global shape processing in autism. Autism Research, 1, 114-129.

⑬ニキ・リンコ（2005）俺ルール！ 自閉は急に止まれない．花風社．

⑭フランシス・ハッペ（著）石坂好樹ほか（訳）（1997）自閉症の心の世界—認知心理学からのアプローチ．星和書店．

⑮Noens, I., & Van Berckelaer-Onnes, I. (2004) Making sense in a fragmentary world: Communication in people with autism and learning disability. Autism, 8, 197-218.

⑯サイモン・バロン＝コーエン（著）三宅真砂子（訳）（2005）共感する女脳、システム化する男脳．ＮＨＫ出版．

⑰綿巻 徹（1997）自閉症児における共感獲得表現助詞「ね」の使用の欠如—事例研究—．発達障害研究，19, 146-157.

⑱松本敏治・崎原秀樹・菊地一文・佐藤和之（2014）「自閉症は方言を話さない」との印象は普遍的現象か—教員による自閉症スペクトラム障害児・者の方言使用評定から—．特殊教育学研究，52, 263-274.

⑲ Komeda, H., Kosaka, H., Saito, D. N., Mano, Y., Jung, M., Fujii, T., Yanaka, H. T., Munesue, T., Ishitobi, M., Sato, M., & Okazawa, H. (2015) Autistic empathy toward autistic others. Social Cognitive and Affective Neuroscience, 10, 145-152.

⑳ Komeda, H.（2015）Similarity hypothesis: Understanding of others with autism spectrum disorders by individuals with autism spectrum disorders. Frontiers in Human Neuroscience, 9, 124.

㉑ McConachie et al.（2018）Enhancing the validity of a quality of life measure for autistic people. Journal of Autism and Developmental Disorders, 48, 1596-1611.

㉒ジャン・ピアジェ（著）大伴 茂（訳）（1956）児童道徳判断の発達．同文書院．

㉓L・コールバーグ（著）永野重史（監訳）（1987）道徳性の形成．新曜社．

㉔ Moran, J. M., Young, L. L., Saxe, R., Lee, S. M., O'Young, D., Mavros, P. L., & Gabrieli, J. D.（2011）Impaired theory of mind for moral judgment in high-functioning autism. Proceedings of the National Academy of Sciences, 108, 2688-2692.

㉕ Fadda, R., Parisi, M., Ferretti, L., Saba, G., Foscoliano, M., Salvago, A., & Doneddu, G.（2016）Exploring the role of theory of mind in moral judgment: The case of children with autism spectrum disorder. Frontiers in Psychology, 7, 1-8.

㉖藤野 博・山本祐誠・松井智子・東條吉邦・計野浩一郎（2019）自閉スペクトラム症の児童における読書の傾向と心の理論との関係．東京学芸大学紀要 総合教育科学系 ,70（1），479-488.

㉗ケネス・ホール（著）野坂悦子（訳）（2001）ぼくのアスペルガー症候群：もっと知ってよ　ぼくらのことを．東京書籍．

㉘キャロル・グレイ（著）服巻智子（翻訳）（2006）お母さんと先生が書くソーシャルストーリー™：新しい判定基準とガイドライン．クリエイツかもがわ．

㉙キャロル・グレイほか（編著）安達　潤（監訳）（2005）マイソーシャルストーリーブック．スペクトラム出版社．

㉚ Oi, M. (2005) Interpersonal compensation for pragmatic impairments in Japanese children with Asperger syndrome or high-functioning autism. Journal of Multilingual Communication Disorders, 3, 203-210.

㉛キャロル・グレイ（著）門　眞一郎（訳）（2005）コミック会話　自閉症など発達障害のある子どものためのコミュニケーション支援法．明石書店．

㉜川喜田二郎（1967）発想法―創造性開発のために．中央公論社．

㉝加藤浩平・岩岡朋生・藤野　博（2019）自閉スペクトラム症児の会話の特徴と話題との関連―アニメ・漫画・ゲームを題材にした「趣味トーク」の実践―．東京学芸大学紀要　総合教育科学系 ,70（1），489-497.

㉞加藤浩平・藤野　博（2016）ＴＲＰＧはＡＳＤ児のＱＯＬを高めるか？東京学芸大学紀要　総合教育科学系 ,67(2), 215-221.

㉟鈴木秀樹（2022）ＩＣＴ×インクルーシブ教育―誰一人取り残さない学びへの挑戦．明治図書．

【著者紹介】

藤野　博（ふじの　ひろし）

東京学芸大学大学院教育学研究科（教職大学院）教授。東京学芸大学附属特別支援学校長。

1961年，埼玉県生まれ。東北大学大学院博士前期課程修了。博士（教育学）。言語聴覚士。公認心理師。

1986年より東北厚生年金病院にて言語聴覚士として勤務。川崎医療福祉大学を経て，1998年に東京学芸大学専任講師。2001年，同助教授。2007年，同准教授。2009年，同教授。2019年より現職。

【主な著書】

『自閉症スペクトラム SST スタートブック』

（編著，学苑社，2010年）

『発達障害のある子の社会性とコミュニケーションの支援』

（編著，金子書房，2016年）

『絵でわかる　なぜなぜ会話ルールブック』

（共著，合同出版，2018年）

〔本文イラスト〕岸本祐子

自閉症のある子どもへの
言語・コミュニケーションの指導と支援

2023年6月初版第1刷刊 ©著　者　藤　野　博
2024年1月初版第2刷刊　発行者　藤　原　光　政
発行所　明治図書出版株式会社
http://www.meijitosho.co.jp
（企画）佐藤智恵（校正）武藤亜子
〒114-0023　東京都北区滝野川7-46-1
振替00160-5-151318　電話03（5907）6703
ご注文窓口　電話03（5907）6668
＊検印省略　組版所　株　式　会　社　カ　シ　ヨ

Printed in Japan　ISBN978-4-18-269318-2